ESV

GRUNDLAGEN DER GERMANISTIK

Herausgegeben von Werner Besch und Hartmut Steinecke

29

Linguistische Textanalyse

Eine Einführung in Grundbegriffe und Methoden

von

Klaus Brinker

5., durchgesehene und ergänzte Auflage

ERICH SCHMIDT VERLAG

Die Deutsche Bibliothek – CIP-Einheitsaufnahme

Brinker, Klaus:
Linguistische Textanalyse : eine Einführung in Grundbegriffe und Methoden / von Klaus Brinker. – 5., durchges. und erg. Aufl. – Berlin : Erich Schmidt, 2001
(Grundlagen der Germanistik ; 29)
ISBN 3-503-04995-9

1. Auflage 1985
2. Auflage 1988
3. Auflage 1992
4. Auflage 1997
5. Auflage 2001

ISBN 3 503 04995 9

www.erich schmidt-verlag.de

Dieses Papier erfüllt die Frankfurter Forderungen der Deutschen Bibliothek und der Gesellschaft für das Buch bezüglich der Alterungsbeständigkeit und entspricht sowohl den strengen Bestimmungen der US Norm Ansi/Niso Z 39.48-1992 als auch der ISO-Norm 9706

Satz: Neufeld Media, Neuburg/Donau
Druck: Danuvia Druckhaus, Neuburg/Donau

Inhaltsübersicht

1. Einleitung

Das vorliegende Buch will in Grundbegriffe und Methoden der linguistischen Textanalyse einführen.

Die linguistische Textanalyse setzt sich zum Ziel, die Struktur, d. h. den grammatischen und thematischen Aufbau, sowie die kommunikative Funktion konkreter Texte transparent zu machen und nachprüfbar darzustellen. Sie kann dadurch Einsichten in die Regelhaftigkeit von Textbildung (Textkonstitution) und Textverstehen (Textrezeption) vermitteln und dazu beitragen, die eigene Textkompetenz zu verbessern, d. h. die Fähigkeit zu fördern, fremde Texte zu verstehen und eigene Texte zu produzieren.[1]

In theoretisch-begrifflicher wie methodischer Hinsicht wird die linguistische Textanalyse durch die noch relativ junge sprachwissenschaftliche Disziplin der Textlinguistik bestimmt. Die Textlinguistik sieht es als ihre Aufgabe an, die allgemeinen Bedingungen und Regeln der Textkonstitution, die den konkreten Texten zugrunde liegen, systematisch zu beschreiben und ihre Bedeutung für die Textrezeption zu erklären.[2]

Wenn wir von der Textlinguistik sprechen, so stellt das natürlich eine starke Vereinfachung dar. Hinter diesem Etikett verbergen sich zahlreiche textlinguistische Richtungen mit z. T. durchaus unterschiedlichen Konzeptionen. Gemeinsam ist ihnen aber die Auffassung, daß die oberste Bezugseinheit für die linguistische Analyse nicht der Satz, sondern der Text ist.

Das Schwergewicht des Buches liegt nicht auf der Darstellung der verschiedenen textlinguistischen Forschungsansätze. Textmodelle sind bereits Gegenstand zahlreicher linguistischer Publikationen. Wir streben vielmehr eine

[1] Damit soll natürlich nicht unterstellt werden, daß die durch die linguistische Textanalyse gewonnenen Erkenntnisse unmittelbar zu einer Erweiterung der produktiven Kompetenz führen. Die Annahme eines direkten Umschlags von textuellem Regelwissen in regelkonforme Textproduktion wäre zu einfach. — Wie das in diesem Buch entwickelte textlinguistische Analyseinstrumentarium für die Textproduktion fruchtbar gemacht werden kann, wird in Brinker 1988 dargestellt.

[2] Eine umfassende Darstellung der Forschungsentwicklung und des aktuellen Forschungsstandes in der Textlinguistik bietet der 1. Band des Handbuchs zur Text- und Gesprächslinguistik (Brinker/Antos/Heinemann/Sager 2000).

primär anwendungsbezogene Darstellung an und versuchen, einen konsistenten textlinguistischen Beschreibungsapparat auf integrativer Basis zu entwickeln und an konkreten Texten bzw. Textausschnitten zu verdeutlichen. Wir beschränken uns deshalb auf eine Charakterisierung der Forschungspositionen, die in unserem Zusammenhang besonders wichtig sind. Darüber hinaus ist die für die jeweilige Problemstellung relevante Literatur mit Hilfe der Anmerkungen und des Literaturverzeichnisses „aufschließbar".

Als theoretische Grundlage für die folgenden Kapitel wählen wir die bereits angesprochene Unterscheidung von Textstruktur und Textfunktion. Es handelt sich dabei um eine analytische Trennung, die der Wissenschaftler vornimmt, um das komplexe Phänomen „Text" genauer beschreiben zu können. Bei konkreten Texten, d.h. Sprachgebilden in ihrer Einbettung in einen Kommunikationsprozeß, bilden Struktur und Funktion eine Einheit, die nur als solche bestimmten kommunikativen Zwecken dient.

Textfunktion und Textstruktur sind bei der linguistischen Analyse zwar zu trennen, nicht aber völlig isoliert voneinander zu untersuchen; zwischen ihnen bestehen mannigfache Zusammenhänge, deren Beschreibung ebenfalls Aufgabe der Textlinguistik ist. Dabei stehen die regulären, vom sprachlichen Handlungssystem bestimmten Beziehungen im Vordergrund, nicht die aktuellen mentalen Abläufe bei der Produktion und Rezeption von Texten; mit ihnen befaßt sich die Psycholinguistik, die Textlinguistik beschreibt aber wichtige systembedingte Voraussetzungen solcher Prozesse.

Das Buch gliedert sich in vier Kapitel. Zuerst wollen wir kurz darlegen, was man in der Alltagssprache unter einem Text versteht und wie die Einheit „Text" wissenschaftlich definiert wird (Kapitel 2). Vor dem Hintergrund eines Textbegriffs, der die zentralen theoretischen Positionen der Textlinguistik miteinander zu verbinden versucht, gehen wir dann in Kapitel 3 auf grundlegende Bedingungen des grammatischen und thematischen Textaufbaus (Textstruktur) ein und behandeln in Kapitel 4 die Rolle von Texten im Kommunikationsprozeß (Textfunktion). Kapitel 5 ist der Analyse von Textsorten gewidmet. Die entwickelten Analysekategorien und -kriterien sowie die Arbeitsschritte bei der Analyse eines Textes werden abschließend in einer systematischen Übersicht zusammengefaßt.

Das Buch ist so konzipiert, daß es sowohl zum Selbststudium als auch für das germanistische Grundstudium und — zumindest streckenweise — für den Deutschunterricht in der Sekundarstufe II verwendet werden kann.

2. Der Textbegriff

2.1. Zur Verwendung des Wortes „Text“ in der Alltagssprache

Bevor wir auf den linguistischen Textbegriff eingehen, wollen wir kurz klären, was in der Alltagssprache unter einem Text verstanden wird. Eine solche Reflexion über den Sprachgebrauch bedeutet eine wichtige Voraussetzung für die wissenschaftliche Beschäftigung mit Texten, und zwar aus folgendem Grund: Wie bereits angedeutet, geht es der Textlinguistik vor allem darum, die allgemeinen Bedingungen der Textkonstitution und der Textrezeption zu beschreiben, über die der kompetente Sprachteilhaber in konkreten Kommunikationssituationen im allgemeinen unbewußt verfügt. Die Feststellung, ob eine vorliegende Folge von sprachlichen Einheiten (etwa Sätzen) in der Alltagskommunikation als Text verstanden oder als eine zusammenhanglose oder gar sinnlose Häufung von Sätzen angesehen wird, kann somit Hinweise auf die zugrunde liegenden Regeln der Vertextung geben. Der Rezipient neigt zwar dazu, beliebige Sätze, wenn sie nur räumlich und/oder zeitlich dicht aufeinanderfolgen und durch rein äußerliche Merkmale als zusammenhängend gekennzeichnet sind, eher als Text zu interpretieren, als sie als voneinander unabhängige Sätze oder Einzeltexte aufzufassen. Das heißt aber nicht, daß jede beliebige Aneinanderreihung von Sätzen als Text akzeptiert wird.[1] Eine Betrachtung der beiden folgenden Beispiele macht dies deutlich:

(1) Die Frankfurter Feuerwehr hat ein Gerät vorgestellt, mit dem Menschen aus bis zu 200 Meter hohen Häusern gerettet werden können. Es ist eine mobile Seilbahn, die über am Haus befestigte Seile mit einer auf einem Lastwagen fahrbaren Gondel verbunden ist. Bisher sind Feuerwehrleitern maximal 30 Meter lang. (aus: Die Welt v. 4. 6. 1980)

(2) Ich habe leider nicht genug zu lesen. Die Kommission hat den Vorschlag abgelehnt. In den Ferien bleibt niemand gern zu Hause.

Während die Informanten Beispiel (1) ohne weiteres als Text anerkennen, sind sie dazu bei Beispiel (2) nicht bereit. Unter inhaltlich-thematischem Aspekt läßt sich dieser Befund folgendermaßen explizieren: In (1) sind die

[1] Vgl. etwa Nickel 1968, S. 15; Fries 1971, S. 220; van Dijk 1972, S. 2 ff.; Ermert 1979, S. 20

Sätze durch ein einheitliches Thema (das neue Rettungsgerät) verbunden (Satz 1: Leistung des Geräts, Satz 2: Funktionsweise des Geräts, Satz 3: Vergleich zum alten Gerät, der Feuerwehrleiter). In (2) haben die Sätze demgegenüber kein einheitliches Thema. Satz 1 bezieht sich auf ein „ich", das nicht näher bestimmt werden kann; Satz 2 handelt von „der" Kommission, wobei nicht deutlich wird, welche Kommission gemeint ist; Satz 3 enthält eine allgemeine Aussage. In Beispiel (2) scheint also eine zusammenhanglose Satzfolge, sozusagen ein „Nicht-Text"[2] vorzuliegen.

Um genauer herauszufinden, welche Eigenschaften ein sprachliches Gebilde aufweisen muß, um in der Alltagssprache als Text bezeichnet zu werden, ist es nützlich, zu prüfen, in welchen sprachlichen Kontexten oder Wendungen das Wort „Text" gebraucht wird. Wörterbücher der deutschen Gegenwartssprache verzeichnen hauptsächlich die folgenden Verwendungsweisen von „Text"[3]

— ein langer, gedruckter Text; einen Text verlesen, vortragen, auswendig lernen, korrigieren, überfliegen, kommentieren, ändern, ergänzen, entstellen, übersetzen ...
— den vollen Text einer Rede abdrucken, nachlesen; der Text eines Vertrages, Telegramms, Dramas ...
— die Texte zu den Abbildungen schreiben
— über einen Text predigen
— der Text eines Liedes, einer Oper ...

Diese keinesfalls vollständige Sammlung zeigt bereits, daß die alltagssprachliche Verwendung des Wortes „Text" nicht ganz einheitlich ist. Es lassen sich mehrere Bedeutungen des Wortes feststellen wie „geschriebenes sprachliches Gebilde von einer gewissen Ausdehnung", „Wortlaut", „sprachliche Erläuterung bzw. erklärende Beschriftung" („Unterschrift zu einer Illustration"), „Bibelstelle", „sprachlicher Teil eines musikalischen Werkes". Als Kernbedeu-

[2] Der Terminus „Nicht-Text" bezeichnet keine objektiv gegebene Größe. Ob einem sprachlichen Gebilde Kohärenz zugesprochen wird, ist nicht nur durch seine Struktur bedingt, sondern vor allem auch von der Verstehens- bzw. Interpretationskompetenz des Rezipienten abhängig. Es gibt allerdings Kohärenznormen; der Textlinguistik geht es vor allem darum, diese Normen zu beschreiben. — Vgl. dazu auch Kurz 1977, S. 273 ff.; Brinker 1998, S. 191 ff.

[3] Z. B. Wörterbuch der deutschen Gegenwartssprache, hrsg. v. R. Klappenbach u. W. Steinitz. Bd. 5. Berlin 1976, S. 3724 f.; dtv-Wörterbuch der deutschen Sprache, hrsg. v. G. Wahrig. München 1978, S. 773; Duden. Stilwörterbuch der deutschen Sprache. 6. Aufl. Mannheim 1971, S. 680; Duden. Das große Wörterbuch der deutschen Sprache. Bd. 6. Mannheim 1981, S. 2584.

tung kann aber zweifellos gelten: „Text“ ist eine (schriftlich) fixierte sprachliche Einheit, die in der Regel mehr als einen Satz umfaßt.[4]

Wie die Gegenüberstellung der beiden Satzfolgen 1 und 2 deutlich gemacht hat, ist diese Bestimmung allerdings noch dahingehend zu erweitern, daß in der Alltagssprache eine Satzfolge nur dann als Text bezeichnet wird, wenn sie in inhaltlich-thematischer Hinsicht als zusammenhängend, als kohärent interpretiert werden kann. Das Merkmal der Kohärenz (im inhaltlichen Sinn) muß somit als grundlegend für den alltagssprachlichen Textbegriff gelten.

2.2. Der linguistische Textbegriff

2.2.1. Vorbemerkung

In der Textlinguistik gibt es verschiedene Textdefinitionen; eine allgemein akzeptierte Definition liegt bisher nicht vor. Es ist auch fraglich, ob es überhaupt möglich ist, einen allgemein gültigen Textbegriff zu entwickeln, der es erlaubt, zu bestimmen, was immer und überall als Text zu gelten hat. Die Gegenstandsbestimmung einer wissenschaftlichen Disziplin ist ja nicht nur durch die Eigenschaften der Objekte (in der Realität) bestimmt, sondern vor allem auch von den jeweiligen Untersuchungszielen der Wissenschaftler abhängig. Ein absoluter Textbegriff würde dieser Interdependenz zwischen Zielsetzung und Gegenstandsbestimmung beim Aufbau einer Theorie nicht genügend Rechnung tragen.

Grob gesehen lassen sich zwei Hauptrichtungen der Textlinguistik unterscheiden, die durchaus unterschiedliche Zielsetzungen entwickelt haben und die ihren Untersuchungsgegenstand „Text“ deshalb auch unterschiedlich definieren.[5]

2.2.2. Der Textbegriff der sprachsystematisch ausgerichteten Textlinguistik

Die (auch historisch gesehen) erste Richtung der Textlinguistik[6] entwickelt sich vor dem Hintergrund der strukturalistischen Linguistik und der generativen Transformationsgrammatik. Bei aller Unterschiedlichkeit im einzelnen

[4] Vgl. auch Ermert 1979, S. 19
[5] Vgl. dazu im einzelnen Brinker 1973; Küper 1978; Ermert 1979, S. 19 ff.
[6] Z. B. Harweg 1968; Isenberg 1968; Steinitz 1968; Dressler 1973 u. a.

definieren diese linguistischen Forschungsrichtungen das Sprachsystem (Langue, Kompetenz)[7] als ihren spezifischen Untersuchungsgegenstand und verstehen darunter den Sprachbesitz einer Gruppe, das einzelsprachliche System von Elementen und Relationen, kurz: das Regelsystem einer Sprache, das der Sprachverwendung (Parole, Performanz) als der theoretisch unendlichen Menge der konkreten Sprech- und Verstehensakte und den durch sie entstandenen sprachlichen Gebilden (Äußerungen, Texten) zugrunde liegt. Die Aufgabe der Linguistik wird darin gesehen, das jeweilige sprachliche System durch Anwendung geeigneter (intersubjektiver) Methoden (Analyseverfahren, Operationen) aufzudecken (strukturalistische Linguistik) bzw. die immanente Sprachkompetenz des idealen, d. h. hinsichtlich der Aspekte der Kommunikation indifferenten Sprecher-Hörers zu beschreiben (generative Transformationsgrammatik).

Innerhalb dieser hier nur ganz allgemein skizzierten linguistischen Richtungen gilt nun jahrzehntelang der „Satz“ als die oberste linguistische Bezugseinheit. Die strukturalistische Linguistik konzentriert sich fast ausschließlich auf die Analyse und Deskription der Struktur des Satzes, vor allem auf die Segmentierung und Klassifikation sprachlicher Einheiten unterhalb der Satzebene (etwa Satzglieder, Morpheme, Phoneme); die generative Transformationsgrammatik definiert ihren Gegenstand, die Sprachkompetenz, als die Fähigkeit des kompetenten Sprechers einer Sprache, eine beliebig große Anzahl von Sätzen zu bilden und zu verstehen, und nimmt dabei selbst die Form eines Regelsystems an, das die (unendliche) Menge von Sätzen einer Sprache „generieren“ soll.

Erst mit dem Entstehen der sog. Textlinguistik Mitte der 60er Jahre kommt es zu einer fundamentalen Kritik an dieser Beschränkung linguistischer Forschung auf die Domäne des Satzes.[8] Es wird geltend gemacht, daß „die oberste

[7] Der Langue-Begriff Saussures und der Kompetenz-Begriff Chomskys sind nicht gleichzusetzen. Wichtiger als die Unterschiede (vgl. dazu Brinker 1972, S. 13) sind in unserem Zusammenhang die Gemeinsamkeiten: Beiden Konzepten liegt ein autonomer, von kommunikativ-pragmatischen Faktoren völlig abstrahierender Sprachbegriff zugrunde (vgl. dazu im einzelnen Brinker 1977, S. 11 ff. und S. 145 ff.).

[8] Zwar sind bereits zahlreiche Aussagen sowohl der traditionellen als auch der strukturalistischen Grammatik vor dem Hintergrund der Textgebundenheit von Sätzen getroffen (etwa zur Anaphorik, Artikelwahl, Satzgliedstellung, Tempuswahl, Parataxe und Hypotaxe), der Text fungiert hier aber nur als Kontext für die Beschreibung bestimmter, über die Grenzen eines isoliert genommenen Satzes hinausgehender grammatikalisierter oder lexikalisierter sprachlicher Bezüge, ohne selbst thematisiert

und unabhängigste sprachliche Einheit", „das primäre sprachliche Zeichen" nicht der „Satz", sondern der „Text" sei, linguistische Analyse sich somit stärker als bisher auf den „Text" zu richten habe.[9] Eine prinzipielle Änderung der geltenden sprachtheoretischen Grundlagen ist mit dieser Forderung allerdings nicht verbunden. Die Textlinguistik versteht sich (wie vorher die „Satzlinguistik") ausdrücklich als eine Linguistik der „Langue" bzw. der „Kompetenz". Die Hierarchie der bis dahin angenommenen Einheiten des sprachlichen Systems (Phonem, Morphem/Wort, Satzglied, Satz) wird lediglich um die Einheit „Text" erweitert. Darin drückt sich die Auffassung aus, daß nicht nur die Wort- und Satzbildung, sondern auch die Textbildung (die Textkonstitution) durch das Regelsystem der Sprache gesteuert wird und auf allgemeinen, sprachsystematisch zu erklärenden Gesetzmäßigkeiten gründet.

Die sprachsystematisch orientierte Textlinguistik setzt sich das Ziel, diese allgemeinen Prinzipien herauszufinden und systematisch zu beschreiben. Sie rekurriert dabei sowohl in theoretisch-begrifflicher als auch in methodischer Hinsicht weitgehend auf Bestimmungen der Satzlinguistik strukturalistischer bzw. generativ-transformationeller Provenienz. Dieser Zusammenhang kommt im Textbegriff besonders deutlich zum Ausdruck: „Text" wird definiert als eine kohärente Folge von Sätzen. Das bedeutet aber, daß der Satz nach wie vor als „Markstein" in der Hierarchie sprachlicher Einheiten angesehen wird; er gilt als d i e Struktureinheit des Textes.[10] Die wichtigste Konsequenz dieser Konzeption ist, daß der für die Textlinguistik zentrale Begriff der Textkohärenz rein grammatisch gefaßt wird. Er bezeichnet in dieser textlinguistischen Forschungsrichtung ausschließlich die syntaktisch-semantischen Beziehungen zwischen Sätzen bzw. zwischen sprachlichen Elementen (Wörtern, Wortgruppen usw.) in aufeinanderfolgenden Sätzen. Wir werden darauf im einzelnen in Kapitel 3.3. eingehen.

zu werden. Mit der Überschreitung der Satzgrenze und der Einbeziehung von Kontextsätzen bei der grammatischen Beschreibung ist das Problem „Text" im Sinne einer expliziten Texttheorie jedoch noch kaum berührt. Vgl. dazu Brinker 1971, S. 217 ff.

[9] Vgl. z. B. Dressler 1970, S. 64; Hartmann 1964, 1968, 1971; vgl. dazu auch Brinker 1971, S. 217

[10] Vgl. etwa Harweg 1968, S. 9 ff.; Isenberg 1970, S. 1; Steinitz 1968, S. 247; Dressler 1970, S. 64 ff.; Daneš 1970, S. 72

2.2.3. Der Textbegriff der kommunikationsorientierten Textlinguistik

Die zweite (Anfang der 70er Jahre) entstandene Richtung der Textlinguistik — wir wollen sie „kommunikationsorientierte Textlinguistik" nennen — wirft der ersten Richtung vor, sie habe ihren Gegenstandsbereich insofern zu sehr idealisiert, als sie Texte als isolierte, statische Objekte behandele und nicht zureichend berücksichtige, daß Texte immer eingebettet sind in eine Kommunikationssituation, daß sie immer in einem konkreten Kommunikationsprozeß stehen, in dem Sprecher und Hörer bzw. Autor und Leser mit ihren sozialen und situativen Voraussetzungen und Beziehungen die wichtigsten Faktoren darstellen.

Die kommunikationsorientierte Textlinguistik[11] entwickelt sich vor dem Hintergrund der linguistischen Pragmatik, die die Bedingungen sprachlich-sozialer Verständigung zwischen den Kommunikationspartnern einer bestimmten Kommunikationsgemeinschaft zu beschreiben und zu erklären versucht und sich dabei in sprachtheoretischer Hinsicht vor allem auf die innerhalb der angelsächsischen Sprachphilosophie entwickelte Sprechakttheorie (J. L. Austin, J. R. Searle) stützt. Unter pragmatischer (sprechakttheoretischer) Perspektive erscheint der Text nicht mehr als grammatisch verknüpfte Satzfolge, sondern als (komplexe) sprachliche Handlung[12], mit der der Sprecher oder Schreiber eine bestimmte kommunikative Beziehung zum Hörer oder Leser herzustellen versucht.[13] Die kommunikationsorientierte Textlinguistik fragt also nach den Zwecken, zu denen Texte in Kommunikationssituationen eingesetzt werden können und auch tatsächlich eingesetzt werden; kurz: sie untersucht die kommunikative Funktion von Texten. Die kommunikative Funktion legt den Handlungscharakter eines Textes fest; sie bezeich-

[11] Z. B. Isenberg 1970; Schmidt 1973; Kallmeyer u. a. 1974; Sandig 1973, 1978; Isenberg 1976 u. a.

[12] Vgl. z. B. Schmidt 1973, S. 149 ff.; Sandig 1973, S. 20; Sandig 1978, S. 69 f., S. 99 ff., S. 157 f.; van Dijk 1980, S. 90 ff.; Rosengren 1980, S. 275 ff.

[13] Es wird in diesem Zusammenhang häufig zwischen „Text" und „Kommunikationsakt" unterschieden. So definiert z. B. S. J. Schmidt (1973) den Kommunikationsakt als „komplexe Relation zwischen sprachlichen, sprachlich-sozialen und nicht-sprachlichen Konstituenten in einer Kommunikationssituation" (S. 124). Der Begriff des Textes wird demgegenüber sprachlich bestimmt: „Ein Text ist jeder geäußerte sprachliche Bestandteil eines Kommunikationsakts in einem kommunikativen Handlungsspiel, der thematisch orientiert ist und eine erkennbare kommunikative Funktion erfüllt" (S. 150). Der Kommunikationsakt ist also die dem Text direkt übergeordnete Einheit.

net — noch ganz vorläufig formuliert — die Art des kommunikativen Kontakts, die der Emittent (d. h. der Sprecher oder Schreiber)[14] mit dem Text dem Rezipienten gegenüber zum Ausdruck bringt (z. B. informierend oder appellierend); erst sie verleiht dem Text also einen bestimmten kommunikativen „Sinn".

Die Verbindung des Textbegriffs mit den pragmatischen Begriffen „Sprechhandlung" bzw. „kommunikative Funktion" macht es notwendig, daß die Unterscheidung von Langue und Parole bzw. von Kompetenz und Performanz einer grundlegenden Revision unterzogen wird. Der Begriff des Sprachsystems bzw. der Sprachkompetenz, wie er noch für die erste, sprachsystematisch ausgerichtete Phase der Textlinguistik kennzeichnend ist, wird nun um die Konzeption einer kommunikativen Kompetenz erweitert, die z. B. von D. Wunderlich als die Fähigkeit des Sprechers definiert wird, mit Hilfe sprachlicher Äußerungen in Kommunikation zu treten.[15] Die kommunikative Kompetenz umfaßt danach die Strukturen und Regeln, die die Aktivierung der sprachlichen Kompetenz in konkreten Kommunikationssituationen bestimmen.

Wir können die recht vielschichtige Diskussion um das Konzept der kommunikativen Kompetenz hier nicht weiter verfolgen.[16] Das Verhältnis von sprachlicher und kommunikativer Kompetenz kann zureichend nur im Rahmen einer Gesamttheorie kommunikativen Handelns beschrieben und erklärt werden. Eine solche, nur auf interdisziplinärer Grundlage mögliche Theorie liegt noch nicht vor; bisher existieren dazu lediglich eine Reihe von z. T. recht verschiedenartigen Forschungsansätzen. Es ist inzwischen aber deutlich geworden, daß eine bloß additive Erweiterung der sprachsystematisch ausgerichteten Textlinguistik um eine kommunikativ-pragmatische Komponente wohl kaum zu einem adäquaten textlinguistischen Beschrei-

[14] Der Terminus „Emittent" wurde von H. Glinz (1977, S. 17) eingeführt, um die Person zu bezeichnen, von der ein Text ausgeht, also den Autor, den Herausgeber, den Auftraggeber u. dgl.

[15] Vgl. Wunderlich 1970, S. 13

[16] Vgl. dazu Häfele 1979, S. 9 ff., der auf die Mängel von sog. Mehrkompetenzenmodellen eingeht, d. h. von Modellen, die einer sprachlichen Kompetenz in einer Art Addition eine kommunikative Kompetenz hinzufügen. „Da wir ... beim sprachlichen Handeln nicht zweimal handeln, einerseits Sätze bilden und andererseits Sprechakte machen, sondern nur ein einziges Mal handeln, indem wir Sätze äußern, muß eine Kompetenztheorie die sprachliche Handlungskompetenz beschreiben, in welcher die Fähigkeit, Sätze zu bilden, immer schon enthalten ist" (ebd. S. 9).

bungsmodell führen wird. Vielmehr sind die sprachsystematisch orientierten Textmodelle in den pragmatischen bzw. handlungstheoretischen Forschungsansatz zu integrieren. Denn dem pragmatischen Ansatz kommt innerhalb des gesamten textanalytischen Forschungsprozesses insofern eine dominierende Bedeutung zu, als er den umfassendsten Aspekt der Textlinguistik repräsentiert. Bereits eine flüchtige Vergegenwärtigung des Ablaufs der Textproduktion kann zeigen, daß sowohl die Wahl der sprachlichen Mittel (grammatischer Aspekt) als auch die Entfaltung des Themas bzw. der Themen eines Textes (thematischer Aspekt) kommunikativ gesteuert werden, d. h. durch die kommunikative Intention des Emittenten sowie durch Faktoren der sozialen Situation bestimmt sind, etwa durch den institutionellen Rahmen, durch die Art der Partnerbeziehung (z. B. Rollenverhältnis, Bekanntschaftsgrad), durch die Partnereinschätzung (z. B. Annahmen über Wissen und Wertbasis des Rezipienten) usw. Diese Zusammenhänge sind noch weitgehend ungeklärt.

2.3. Entwurf eines integrativen Textbegriffs

Die beiden vorgestellten Grundpositionen der Textlinguistik, der sprachsystematisch ausgerichtete und der kommunikationsorientierte Ansatz, sind nicht als alternative, sondern als komplementäre Konzeptionen zu betrachten und eng aufeinander zu beziehen. Eine adäquate linguistische Textanalyse erfordert die Berücksichtigung beider Forschungsrichtungen, wobei der kommunikativ-pragmatische Ansatz — wie bereits angedeutet wurde — die theoretisch-methodische Bezugsgrundlage bilden muß.

Dieser Auffassung trägt nur ein Textbegriff Rechnung, der es ermöglicht, den Text als eine sprachliche und zugleich kommunikative Einheit zu beschreiben. Die folgende Textdefinition entspricht dieser Bedingung: Der Terminus „Text“ bezeichnet eine begrenzte Folge von sprachlichen Zeichen, die in sich kohärent ist und die als Ganzes eine erkennbare kommunikative Funktion signalisiert.

Diese Definition enthält eine Reihe von Bestimmungen, die der weiteren Erläuterung bedürfen.

In sprachlicher Hinsicht wird die Einheit „Text“ als Folge von sprachlichen Zeichen charakterisiert. Dieser Bestimmung liegt der Saussuresche Begriff des sprachlichen Zeichens als einer bilateralen Einheit, als der festen Verbindung von „signifié“ („Bezeichnetes“, „Bedeutung“, „Inhalt“) und “signifiant" („Bezeichnendes", „Form", „Ausdruck") zugrunde.[17] Wir unterscheiden einfache (elementare) sprachliche Zeichen (z. B. Morpheme, z. T. auch Wörter) und komplexe Zeichen (z. B. Wortgruppen und Sätze).

Als wichtigste Struktureinheit des Textes ist der Satz anzusehen. Damit soll nicht gesagt sein, daß nicht auch kleinere sprachliche Gebilde (z. B. Ein-Wort-Äußerungen wie *Feuer!* und *Hilfe!* oder Ein-Satz-Äußerungen wie *Das Betreten der Baustelle ist verboten!*) unter ganz bestimmten situativen Bedingungen als Texte im kommunikativen Sinne fungieren können. Solche Gebilde werden aber im folgenden vernachlässigt; die Textlinguistik ist in erster Linie an Texten interessiert, die sowohl in grammatischer als auch in thematischer Hinsicht einen höheren Komplexitätsgrad aufweisen. Den Gegenstandsbereich der linguistischen Textanalyse bilden somit im wesentlichen Texte, die sich als Folgen von Sätzen manifestieren. (Zur Definition der Einheit „Satz" vgl. u. Abschn. 3.2.).

Mit der Bestimmung, daß nur kohärente Zeichen- bzw. Satzfolgen Texte genannt werden, ist der bereits erwähnte Begriff der Textkohärenz angesprochen, der in der bisherigen textlinguistischen Diskussion eine zentrale Rolle spielt.[18] Er wird aber oft ziemlich global verwendet und nicht genau definiert. Wir unterscheiden im folgenden zwischen grammatischen und thematischen Kohärenzbedingungen (vgl. u. Kapitel 3).

In kommunikativer Hinsicht wird die Einheit „Text" durch das Konzept der kommunikativen Funktion charakterisiert, das am Begriff des illokutiven Akts der Sprechakttheorie (Austin, Searle, Wunderlich) orientiert ist. Der

[17] Vgl. dazu Brinker 1977, S. 15 ff.

[18] In einigen textlinguistischen Arbeiten wird zwischen Kohäsion und Kohärenz unterschieden (etwa von Beaugrande/Dressler 1981, S. 3 ff.). „Kohäsion" meint dann die Verknüpfung der Oberflächenelemente des Textes durch bestimmte grammatische Mittel (vgl. auch Halliday/Hasan 1976), während „Kohärenz" den konzeptionellen Zusammenhang des Textes, d.h. die zugrundeliegende Konstellation von Begriffen und Relationen, bezeichnet. Diese Unterscheidung ist unnötig; sie kann sogar irreführend sein, wenn sie dazu verwendet wird, die ältere Textlinguistik als reine „Kohäsionslinguistik" abzustempeln (wie bei Nussbaumer 1991, S. 102 ff.). Der enge Zusammenhang zwischen expliziten (morphologisch-syntaktischen) und impliziten (semantisch-kognitiven) Formen textueller Kohärenz ist von Anfang an gesehen worden (vgl. dazu Brinker 1971). — Wir gehen im folgenden von einem umfassenden Kohärenzkonzept aus, das nach verschiedenen Aspekten (grammatisch, thematisch, pragmatisch, kognitiv; explizit, implizit usw.) differenziert wird (vgl. dazu auch Brinker 1998, S. 191 ff.).

Begriff der kommunikativen Funktion (Textfunktion) restringiert den grammatisch orientierten Textbegriff (Text als kohärente Folge von Sätzen) der ersten Phase der Textlinguistik und ordnet ihn zugleich in die übergeordnete Konzeption von Sprache als Kommunikations- bzw. Handlungsinstrument ein. Dahinter steht die Auffassung, daß eine kohärente, d. h. grammatisch und thematisch zusammenhängende Satzfolge als solche noch nicht das Kriterium der Textualität[19] erfüllt; das erfolgt erst durch die kommunikative Funktion, die diese Satzfolge innerhalb einer Kommunikationssituation erhält.

Der Begriff der Textfunktion soll in Kapitel 4 einer genaueren Analyse unterzogen werden.

Die Bestimmung, daß Texte b e g r e n z t e Satzfolgen darstellen, verweist auf die sog. Textbegrenzungssignale. Es handelt sich dabei um bestimmte sprachliche und nicht-sprachliche Mittel. Zu den sprachlichen Signalen für Textanfang bzw. Textschluß gehören z. B. Überschriften, Buchtitel und bestimmte Einleitungs- und Schlußformeln; an nicht-sprachlichen Mitteln sind vor allem bestimmte Druckanordnungskonventionen zu nennen (Buchstabengröße bei Überschriften, Leerzeilenkontingent usw.) sowie die auf mündliche Texte beschränkte Sprechpause (die als Abgrenzungskriterium allerdings nicht immer eindeutig ist). Diese und andere Textbegrenzungssignale kennzeichnen also die Zeichen- bzw. Satzfolgen, die für den Emittenten den Charakter der Selbständigkeit und Abgeschlossenheit besitzen, kurz: die er als Texte verstanden wissen will.

Wenn wir abschließend die vorgeschlagene Textdefinition mit der alltagssprachlichen Bedeutung von Text vergleichen, ergeben sich die beiden folgenden Feststellungen:

— Im Unterschied zur alltagssprachlichen Verwendung bezeichnet der Terminus „Text" in der Linguistik nicht nur schriftliche (schriftkonstituierte) sprachliche Gebilde, sondern auch mündliche Äußerungen. Allerdings ist dabei eine Einschränkung hinsichtlich der Kommunikationsrichtung zu machen: Die linguistische Textanalyse beschäftigt sich vornehmlich mit dem m o n o l o g i s c h e n Text (ein Schreiber bzw. Sprecher). Dialogische sprachliche Gebilde (Gespräche) werden demgegenüber weniger inner-

[19] In der Textlinguistik werden die allgemeinen Bedingungen, die ein sprachliches Gebilde erfüllen muß, um überhaupt als Text zu gelten, unter dem Begriff der Textualität (Texthaftigkeit) zusammengefaßt (vgl. etwa Schmidt 1973, S. 144 ff.; Dimter 1981, S. 1 ff.; Beaugrande/Dressler 1981, S. 3 ff.).

halb der Textlinguistik untersucht als vielmehr im Rahmen einer neuen linguistischen Teildisziplin, der sog. Dialog- oder Gesprächsanalyse.[20] Diese Beschränkung auf den monologischen Text (in schriftlicher oder mündlicher Form) ist u. a. aus folgenden Gründen gerechtfertigt: Im Unterschied zum monologischen Text bilden bei Dialogen bzw. Gesprächen in der Regel nur die Äußerungen mehrerer Kommunikationsteilnehmer ein kohärentes sprachliches Gebilde. Der für die vorgeschlagene Textdefinition grundlegende Begriff der kommunikativen Funktion ist aber primär auf den einzelnen Sprecher bzw. Schreiber bezogen (vgl. dazu u. Abschn. 4.3.), so daß die Anwendung des Textbegriffs auf dialogische Kommunikation zumindest als problematisch erscheint.

Wir konzentrieren uns im folgenden auf den schriftkonstituierten monologischen Text, wobei — von einigen Ausnahmen in Kapitel 3 abgesehen — die nichtliterarischen Texte, die sog. Gebrauchstexte, im Vordergrund stehen.[21]

— Die oben gegebene Textdefinition betont stärker den kommunikativen Aspekt; dieser ist im alltagssprachlichen Gebrauch des Wortes „Text" aber zumindest implizit enthalten. Denn auch in der Alltagssprache werden nur solche Satzfolgen Texte genannt, denen die Sprachteilhaber einen kommunikativen „Sinn" zuschreiben können.

[20] Vgl. dazu etwa Ramge 1978; Henne/Rehbock 1982; Brinker/Sager 2001

[21] Es werden darunter Texte verstanden, mit denen in der Regel „kein besonderer ästhetisch-literarischer Anspruch" verbunden wird (vgl. Dimter 1981, S. 35). Es ist allerdings zu beachten, daß sich zwischen literarischen Texten und Gebrauchstexten nicht immer eine scharfe Grenze ziehen läßt, z.B. bei den sog. literarischen Gebrauchsformen wie Briefen, Memoiren, Essays, Predigten usw. (vgl. dazu Belke 1973). — Eine stärkere Berücksichtigung der sog. literarischen Texte würde eine Diskussion des umstrittenen Begriffs der Poetizität bzw. Ästhetizität erforderlich machen, was im Rahmen dieses Bandes nicht geschehen kann.

3. Analyse der Textstruktur

3.1. Vorbemerkung

Wir haben den Text als sprachliche und kommunikative Einheit charakterisiert. In diesem Kapitel soll der sprachliche Aspekt im Vordergrund stehen. Es geht um die Beschreibung der Struktur des Textes; sie wird aufgefaßt als Gefüge von Relationen, die zwischen den Sätzen bzw. den Propositionen als den unmittelbaren Strukturelementen des Textes bestehen und die den inneren Zusammenhang, die Kohärenz des Textes bewirken.

Wir stellen die Textstruktur auf zwei eng miteinander verbundenen Ebenen dar, der grammatischen und der thematischen Ebene.

Auf der *grammatischen* Beschreibungsebene untersuchen wir die „grammatische Kohärenz", d. h. die für den Textzusammenhang relevanten syntaktisch-semantischen Beziehungen zwischen aufeinanderfolgenden Sätzen eines Textes. Unter den verschiedenen sprachlichen Mitteln, die diese Beziehungen herstellen, hat man dem Prinzip der Wiederaufnahme eine besondere Bedeutung für die Konstitution und Kohärenz des Textes zugesprochen; es stand in den Anfängen der Textlinguistik sogar im Zentrum der Forschung und spielt auch heute noch eine nicht unbedeutende Rolle innerhalb der textlinguistischen Diskussion.[1] Wir wollen dieses wichtige Verfahren der Textverknüpfung in Abschnitt 3.3. darstellen.

Auf der *thematischen* Ebene geht es um die Analyse des kognitiven Zusammenhangs, den der Text zwischen den in den Sätzen ausgedrückten Sachverhalten (Satzinhalten, Propositionen) herstellt.

[1] In der Literatur finden sich für dieses Prinzip unterschiedliche Termini, z. B. „Koreferenz" (Isenberg 1970), „Pronominalisierung" (Braunmüller 1977), „syntagmatische Substitution" (Harweg 1968), „Relation der Verweisung" (Kallmeyer u. a. 1974). Es handelt sich dabei aber nicht nur um terminologische Differenzen, z. T. sind mit der unterschiedlichen Terminologie auch begriffliche Unterschiede verbunden, je nachdem vor welchem sprachtheoretischen bzw. texttheoretischen Hintergrund jeweils gearbeitet wird. Wir können hier darauf nicht weiter eingehen. — Zu Referenzrelationen in Texten vgl. auch Vater 1991.

Wir gehen davon aus, daß sich der Textinhalt (die „Gesamtinformation" eines Textes) als Ergebnis eines „Ableitungsprozesses" auffassen läßt, nämlich als Resultat der Entfaltung eines Inhaltskerns („Grundinformation", Thema im alltagssprachlichen Sinn) nach bestimmten (letztlich wohl kommunikativ gesteuerten) Prinzipien (Abschnitt 3.4.).

Einige Grundformen der thematischen Entfaltung sollen in Abschnitt 3.5. genauer behandelt werden.

Die Beschreibung der logisch-semantischen Relationen, in denen die einzelnen Propositionen bzw. propositionalen Komplexe eines Textes zum Thema (als Inhaltskern) stehen, führt zur thematischen Struktur des Textes.

Bevor wir auf die grammatischen und thematischen Strukturprinzipien von Texten im einzelnen eingehen, ist zunächst die textuelle Grundeinheit „Satz" genauer zu bestimmen.

3.2. Der Satz als textuelle Grundeinheit

In grammatischer Hinsicht wird der Satz als die zentrale Struktureinheit des Textes angesehen. Damit stellt sich die Frage, wie die Einheit „Satz" zu definieren ist, damit sie eine geeignete Grundlage für die Textanalyse abgeben kann. Diese Frage bringt den Linguisten in eine wenig beneidenswerte Lage, denn es ist der Linguistik bisher nicht gelungen, eine allgemein akzeptierte Satzdefinition zu entwickeln. Man könnte nun erwägen, für die Segmentierung eines Textes in Sätze von der Interpunktion auszugehen — zumindest solange geschriebene Sprache zugrunde gelegt wird.[2] Denn durch Konvention ist festgelegt, daß Einheiten, denen eine relative Selbständigkeit und Abgeschlossenheit innerhalb des größeren Zusammenhangs von Abschnitt und Text zukommt, durch Punkt, Ausrufezeichen oder Fragezeichen mit Großschreibung des folgenden Wortes abgegrenzt werden. Satz ist dann das Stückchen Text, das durch Punkt, Fragezeichen oder Ausrufezeichen und darauffolgende Großschreibung als eine relativ selbständige Einheit gekennzeichnet ist. Allerdings besteht in der Anwendung der Zeichenkonvention ein Spielraum, der nicht zu gering veranschlagt werden darf. Wir treffen nicht selten auf Texte (z. B. Werbetexte oder literarische Texte wie Gedichte), in denen Satzzeichen recht frei oder gar nicht verwendet sind; man will dadurch eine besondere Wirkung erzielen.

[2] So Glinz 1975, S. 26 f.

Die Interpunktion in einem Text kann also nicht Aufschluß darüber geben, was prinzipiell und generell als Satz zu gelten hat, sondern lediglich darüber, wie der Verfasser seinen Text gegliedert haben will. Die oben angeführten Satzzeichen (Punkt, Fragezeichen, Ausrufezeichen mit folgender Großschreibung) kennzeichnen also die Stücke eines Textes, die für den Verfasser den Charakter relativer Selbständigkeit und Abgeschlossenheit besitzen.

Auf mündliche Texte schließlich ist dieser Satzbegriff vorwissenschaftlicher (alltagssprachlicher) Art überhaupt nicht anwendbar; sie sind nach anderen Merkmalen gegliedert. Der auf der Interpunktion begründete Satzbegriff kann also nur vorläufig sein, zu einer ersten Gliederung des sprachlichen Materials dienen. In diesem Sinn verwenden wir ihn auch bei den folgenden Textanalysen; der Deutlichkeit halber sprechen wir aber nicht von „Satz", sondern von „Textsegment" oder einfach von Segment.

Für die Entwicklung eines grammatischen Satzbegriffs ist es notwendig, im Sinne der bereits erwähnten Bilateralität des sprachlichen Zeichens zwischen Ausdrucks- und Inhaltsseite von Sätzen zu unterscheiden.

Wir wollen zunächst eine primär ausdrucksorientierte Satzdefinition vorstellen. Wir knüpfen dazu an die auf L. Tesnière zurückgehende Dependenz- bzw. Valenzgrammatik an.[3] Auf der Grundlage des Valenzmodells kann Satz als eine sprachliche Einheit definiert werden, die sich aus einem Verb (Prädikat) als dem strukturellen Zentrum und einer Reihe von Satzgliedpositionen (Subjekt, Objekte, Adverbialbestimmungen usw.) konstituiert, die jeweils in bestimmten Abhängigkeitsrelationen zum „tragenden" Verb stehen. Sätze können danach als einfache Sätze oder als Teilsätze (z. B. Haupt- und Gliedsätze in sog. Satzgefügen) realisiert sein. Der Unterschied zwischen einer solchen grammatischen Satzdefinition und einem auf der Interpunktion beruhenden Satzbegriff läßt sich recht gut an den folgenden Versen von M. Claudius verdeutlichen:

(1) Der Mond ist aufgegangen, die goldnen Sternlein prangen am Himmel hell und klar; der Wald steht schwarz und schweiget, und aus den Wiesen steiget der weiße Nebel wunderbar.

Von der Interpunktion her gesehen liegt nur ein Satz vor; unter grammatischem Aspekt können wir aber zumindest vier (Teil-)Sätze unterscheiden.[4] Die Analyse des grammatischen Zusammenhangs kann dann aufzeigen, auf

[3] Zum Dependenz- bzw. Valenzmodell vgl. Brinker 1977, Kap. 4.3.

[4] Man könnte auch fünf Sätze annehmen, da der dritte Teilsatz zwei Verben enthält (*stehen* und *schweigen*) und man gedanklich das Subjekt *der Wald* wiederholen kann –

welche Art und Weise diese Sätze innerhalb des „Gesamtsatzes" verknüpft sind. Hier handelt es sich um eine Folge von einfachen Sätzen, die einander nebengeordnet sind, wobei der letzte Satz durch die koordinierende Konjunktion *und* angeschlossen ist. Die traditionelle Grammatik spricht von einer „Satzverbindung".[5]

Man könnte nun den Text (1) auch folgendermaßen mit Satzzeichen versehen:

(1') Der Mond ist aufgegangen. Die goldnen Sternlein prangen am Himmel hell und klar. Der Wald steht schwarz und schweiget. Und aus den Wiesen steiget der weiße Nebel wunderbar.

Während sich in grammatischer Hinsicht nichts ändert, führt die nach der Interpunktion vorgenommene Satzabgrenzung nun zu vier Sätzen. Ein Vorteil der grammatischen Satzdefinition besteht also darin, daß sich bei der Textanalyse für verschiedene Texte einheitliche und damit vergleichbare Segmentierungen ergeben.[6]

Nun finden sich in Texten nicht selten Segmente, die nicht explizit auf einem Prädikat beruhen. Das zeigt der folgende Textausschnitt:

(2) (1) Der letzte Urlaub war naß. (2) Stockholm sah aus wie ein schlechtes Schwarz-Weiß-Foto. (3) Grobkörnig und ein bißchen verwaschen. (4) Ich fuhr viel Auto. (5) Einen Wagen, den ich bislang nicht kannte, einen VOLVO. ...
(aus einer Anzeige der Fa. Volvo)

In solchen Fällen können wir meistens gedanklich das Prädikat (Verb) des vorhergehenden Satzes wiederholen oder ein neues einfügen. (Beim Lesen und Verstehen eines Textes geht dieser Prozeß in der Regel unbewußt vor sich.) Das Prädikat ist also implizit vorhanden. Wir nennen solche Sätze „elliptische Sätze". Bei der Analyse können die ausgelassenen Satzteile dann explizit gemacht werden. Dabei handelt es sich nicht nur um verbale Teile; auch andere Satzglieder (z. B. das Subjekt) können ausgelassen sein. Wir wollen das an unserem Beispiel verdeutlichen (die impliziten, mitzudenkenden Satzteile sind in Klammern hinzugefügt):

in expliziter Form: *der Wald steht schwarz und (der Wald) schweiget.* Nach dieser Auffassung handelt es sich also um zwei einander nebengeordnete Sätze, die durch die Konjunktion *und* verbunden sind.

[5] Vgl. dazu Duden-Grammatik 1973, S. 592

[6] Es sei noch darauf hingewiesen, daß die gegenüber dem Original veränderte Interpunktion zwar nicht in grammatischer, wohl aber in stilistisch-klanglicher Hinsicht von Bedeutung ist, indem sie die Stimmführung beim Lesen beeinflußt (vgl. dazu Glinz 1979, S. 45 f.).

(2') Der letzte Urlaub war naß. Stockholm sah aus wie ein schlechtes Schwarz-Weiß-Foto. (Stockholm sah aus/wirkte) Grobkörnig und ein bißchen verwaschen. Ich fuhr viel Auto. (Ich fuhr) Einen Wagen, den ich bislang nicht kannte, (ich fuhr) einen VOLVO.

Die elliptischen Sätze können vielfach auch als „Nachträge“[7] interpretiert werden, z. B. Satz 3 als Nachtrag zu Satz 2, Satz 5 als Nachtrag zu Satz 4. Bei solchen Nachträgen besteht ein gewisser Abgrenzungsspielraum; sie können in grammatischer Hinsicht entweder als Teil des vorhergehenden Satzes oder als elliptische Sätze aufgefaßt werden.

Schließlich gibt es noch Textsegmente, die weder explizit noch implizit auf einem Satz im grammatischen Sinne beruhen (z. B. Anreden, Grußformeln, sonstige feste Wendungen u. dgl.). Sie werden durch die oben entwickelte Satzdefinition nicht erfaßt. Es handelt sich um Ausdrücke ohne Satzwert. Wir sprechen in solchen Fällen von „nicht-satzwertigen Ausdrücken (oder Wortgruppen)“.

Der valenzgrammatische Satzbegriff ist — wie gesagt — primär an der Ausdrucksstruktur des Satzes orientiert. Als (komplexe) sprachliche Zeichen haben Sätze aber auch eine Inhaltsseite; sie bezieht sich vor allem auf die Satzbedeutung (im engeren Sinn)[8], d. h. auf den vom Satz ausgedrückten Sachverhalt, den wir als Proposition bezeichnen.

Zur Explikation des Propositionsbegriffs knüpfen wir an die Sprechakttheorie J. R. Searles an, der zwischen der illokutiven Rolle und dem propositionalen Gehalt einer Äußerung differenziert. Eine Sprechhandlung wie „ein Versprechen geben“ (z. B. *Ich verspreche dir, daß ich morgen komme*) läßt sich danach in zwei Teile zerlegen: Der erste Teil enthält den Indikator des Sprechhandlungstyps, bezeichnet also den Modus der Kommunikation, d. h. die Beziehung, die der Sprecher zum Angesprochenen herstellt (*ich verspreche dir*); für diesen Aspekt der Sprechhandlung verwendet Searle (im Anschluß an J. L. Austin) die Termini „illokutionärer Akt“ bzw. „illokutionäre Rolle“ (einer Äußerung). Der zweite (grammatisch abhängige) Teil (*daß ich morgen komme*) ist gegliedert in die Referenz, d. h. die Setzung eines Kommunikationsgegenstandes (*ich*), und die Prädikation, d. h. die Zuordnung von Eigenschaften zum gesetzten Gegenstand (*morgen kommen*). Searle nennt diese Komponente einer sprachlichen Handlung den „propositionalen Akt“ bzw. „propositio-

[7] Terminus nach Glinz 1979, S. 45 f.

[8] D. h. ohne Einbezug der kommunikativen Funktion des Satzes in bestimmten Sprechsituationen (s. dazu u. Abschn. 4.2.)

nalen Gehalt" (einer Äußerung). In syntaktischer Hinsicht wird die Referenz durch Eigennamen, Pronomen und andere Nominalgruppen, die Prädikation durch Prädikate realisiert.[9]

Aus der Unterscheidung zwischen Illokution und Proposition folgt, daß verschiedene illokutive Akte den gleichen propositionalen Gehalt haben können. Die Proposition *daß Hans den Raum verläßt* kann z. B. mit folgenden illokutiven Rollen verbunden werden: *Hans verläßt den Raum* (Feststellung oder Behauptung) — *Hans, verlaß den Raum!* (Aufforderung) — *Verläßt Hans den Raum?* (Frage) — *Würde Hans doch den Raum verlassen!* (Wunsch) usw. Der Sprecher referiert in den Äußerungen auf dieselben Gegenstände (Hans, ein bestimmter Raum), zwischen denen eine bestimmte Relation („verlassen") hergestellt wird (Prädikation).

Der Begriff der Proposition ist sowohl für die Analyse der grammatischen als auch der thematischen Struktur des Textes grundlegend.

Zusammenfassend ist festzuhalten:
Wir versuchen die komplexe Größe „Satz" dadurch zu präzisieren, daß wir begrifflich und terminologisch zwischen Textsegment, Satz und Proposition unterscheiden. Diese Einheiten sind zwar eng aufeinander bezogen; zwischen ihnen gibt es aber keine 1:1-Entsprechung; sie repräsentieren vielmehr verschiedene Schichten der Äußerungsstruktur: Textsegmente sind Gliederungseinheiten der Textoberfläche, Sätze aber syntaktische und Propositionen semantische Struktureinheiten.

Wie bereits angedeutet wurde, besteht ein Textsegment vielfach aus mehreren Sätzen (und Propositionen); es kann aber auch nur einen elliptischen Satz oder einen nichtsatzwertigen Ausdruck umfassen. Ein Satz kann mehr als eine Proposition enthalten und eine Proposition durch mehrere Sätze realisiert sein.

So ist z. B. die Äußerung *Hans hat das Buch trotz seiner Krankheit beendet* ein Satz mit zwei Propositionen, da die konzessive Adverbialbestimmung *trotz seiner Krankheit* eine Proposition vertritt (explizit: *Hans hat das Buch beendet, obwohl er krank war/ist*). Demgegenüber besteht die Äußerung *Hans glaubt, daß der Urlaub schön wird* aus zwei Sätzen, die aber nur eine Proposition realisieren. Bei dem *daß*-Satz handelt es sich um einen sog. Objektsatz (*Hans glaubt X*), dessen Inhalt in die Proposition des übergeordneten Satzes inte-

[9] Vgl. dazu Searle 1969, Kap. 2

griert ist (als zweiter Referenzteil). Auch die Äußerung *Der Mann, der die Bank überfiel, ist von der Polizei gefaßt worden* kann als Realisierung einer Proposition aufgefaßt werden, da der Relativsatz — analog zu Adjektiven, Präpositionalattributen usw. — den Referenzteil *der Mann* erweitert.[10]

Wir brauchen auf diese Abgrenzungsfragen hier aber nicht weiter einzugehen; es handelt sich dabei um mikroanalytische Aspekte der Textanalyse, die im folgenden nur eine untergeordnete Rolle spielen.

Wir wenden uns nunmehr den grammatischen und thematischen Kohärenzbedingungen zu.

3.3. Grammatische Bedingungen der Textkohärenz

3.3.1. Formen der Wiederaufnahme

3.3.1.1. Die explizite Wiederaufnahme

Vereinfacht gesprochen kann man zwischen expliziter und impliziter Wiederaufnahme unterscheiden.[11]

Die explizite Wiederaufnahme besteht in der Referenzidentität (Bezeichnungsgleichheit) bestimmter sprachlicher Ausdrücke in aufeinanderfolgenden Sätzen eines Textes. Ein bestimmter Ausdruck (z. B. ein Wort oder eine Wortgruppe) wird durch einen oder mehrere Ausdrücke in den nachfolgenden Sätzen des Textes in Referenzidentität wiederaufgenommen. Der Begriff „Referenzidentität" (auch „Koreferenz") besagt, daß sich der wiederaufgenommene Ausdruck (wir wollen ihn Bezugsausdruck nennen) und der wiederaufnehmende Ausdruck auf das gleiche außersprachliche Objekt beziehen. Solche außersprachlichen Objekte („Referenzträger" genannt) können Personen, Gegenstände, Sachverhalte, Ereignisse, Handlungen, Vorstellungen usw. sein.

[10] Vgl. dazu Morgenthaler 1980, S. 101 ff., der verschiedene Erweiterungs-, Gliederungs- und Komplexionsmöglichkeiten des generellen Propositionsschemas der Form P (X) behandelt (P = Prädikat; X = Gegenstand).
[11] Vgl. Brinker 1973, S. 14 ff.

Wir wollen das Prinzip nun an einigen Beispielen erläutern, in denen es um die Wiederaufnahme durch Substantive bzw. substantivische Wortgruppen[12] und Pronomen geht.[13]

Beispiele:

(1) **Ein Mann**[14] war zu Rad unterwegs und wollte auf einen Berg steigen; *er* sah ein Anwesen liegen und stellte dort ein. *Der Mann* hieß Oberstelehn und hielt von sich nicht mehr viel; *er* konnte auch mit seinem Namen nicht Staat machen, der die Amtsstuben verdroß ...
(aus: G. Gaiser, Eine Stimme hebt an. Roman. 1950 — Textanfang)

(2) Eines der ekelhaftesten Verbrechen wird **dem 47jährigen Düsseldorfer Rechtsanwalt H. J. O.** vorgeworfen. *Der Jurist* soll die Entführung des Millionärs Th. A. inszeniert und dessen Familie um sieben Millionen Mark erpreßt haben. ...
(aus: Die Zeit vom 7. 1. 1972 unter der Schlagzeile „Schwarzes Schaf")

(3) Ein 79jähriger Rentner wurde in der Nacht zum Dienstag in Harburg von **einem Auto** tödlich verletzt. *Das beschädigte Fahrzeug* und seine drei Insassen wurden im Laufe des Tages gefunden.
(aus: Die Welt vom 4. 6. 1980 unter der Schlagzeile „Todesfahrer gefaßt")

(4) Auf ungewöhnliche Weise wollte **ein 43 Jahre alter Mann aus Pforzheim** in der Nacht zum Donnerstag Selbstmord begehen. Wie die Polizei mitteilte, war *der Facharbeiter* nach Streitigkeiten in seiner Wohnung in Notarrest gebracht worden. Dort leerten die Beamten *dem Betrunkenen* vorschriftsmäßig die Taschen, um „Dummheiten" *des Gefangenen* zu verhindern. Eine halbe Stunde später fanden die Beamten *den Mann* mit aufgeschnittenen Pulsadern in seiner Zelle vor. ...
(aus: Die Welt vom 22. 7. 1977 unter der Schlagzeile „Gefährliches Glasauge")

[12] Strukturen, die wir substantivische Wortgruppen nennen wollen, bestehen aus einem „Pronominalteil" (Artikel, Pronomen, Numeralien) und/oder einem „Adjektivteil" (Adjektive, Partizipien) und einem „Kern" (Substantiv), z. B. *er betrat* das Haus (Artikel + Substantiv) — *er betrat* das schöne Haus (Artikel + Adjektiv + Substantiv) — *er betrat* das schlafende Haus (*Artikel + Partizip + Substantiv*) — *er betrat* das vor zwei Jahren am Stadtrand von seinem Freund erbaute Haus (Artikel + komplexer auf einem Partizip beruhender „Adjektivteil" + Substantiv). — Die Termini „Pronominalteil", „Adjektivteil", „Kern" nach Glinz 1975a, S. 110f.

[13] Die Wiederaufnahme durch Substantive und Pronomen stellt zwar die wichtigste Möglichkeit der Wiederaufnahme dar; es können aber auch andere Wortarten als wiederaufnehmende Ausdrücke fungieren (z. B. Adverbien, Adjektive, Verben). — Vgl. dazu Brinker 1971, S. 222f.

[14] Bezugsausdrücke werden in den Texten dieses Kapitels durch halbfette, wiederaufnehmende Ausdrücke durch kursive Schriftart gekennzeichnet.

Die Texte bzw. Textausschnitte machen deutlich, daß der durch ein Substantiv benannte Referenzträger (in den Beispielen 1, 2, 4 jeweils eine Person; in Beispiel 3 ein Gegenstand)

— durch Wiederholung (Repetition) desselben Substantivs (*Mann* in Textbeispiel 1 und 4)

— durch ein oder mehrere andere Substantive bzw. substantivische Wortgruppen (*Jurist* in Beispiel 2; *Fahrzeug* in Beispiel 3; *Facharbeiter, Betrunkener, Gefangener* in Beispiel 4) oder

— durch ein bestimmtes Personalpronomen (*er* in Beispiel 1)

wiederaufgenommen werden kann.[15]

In den Textbeispielen 1, 3 und 4 zeigt sich das erste Vorkommen des Referenzträgers in der Neueinführung eines Substantivs bzw. einer substantivischen Wortgruppe mit dem Merkmal „nicht bekannt" *(ein Mann; ein Auto; ein 43 Jahre alter Mann aus Pforzheim).* Dieses Merkmal bewirkt in der Regel die Wahl des unbestimmten Artikels beim Substantiv *(ein).*[16] Bei der Wiederaufnahme des Referenzträgers durch dasselbe Substantiv (z. B. *Mann* in Beispiel 1) oder durch ein anderes Substantiv (wie in den Beispielen 2, 3 und 4) tragen diese das Merkmal „bekannt" (hier durch Vorerwähntheit gegeben), was mit der verbindlichen Wahl des bestimmten Artikels *(der)* verbunden ist. Substantive werden überhaupt nur dann als sprachliche Wiederaufnahmen identifiziert, wenn sie das Merkmal „definit" tragen, d. h. entweder Eigennamen sind oder den bestimmten Artikel bzw. ihm entsprechende Formen wie Demonstrativpronomen *(dieser)*, z. T. auch Possessivpronomen *(sein)* und Interrogativpronomen *(welcher)* bei sich haben. Das läßt sich durch die Gegenprobe verdeutlichen; wenn wir in Beispiel 1 den bestimmten Artikel durch den unbestimmten Artikel ersetzen, so bemerken wir, daß sich die beiden Vorkommen von *Mann* nicht mehr auf dieselbe Person beziehen, daß also keine Referenzidentität mehr besteht. Da in unmotivierter Weise von zwei verschiedenen Männern die Rede ist, wirkt der Text nun inkohärent.

[15] Vgl. Steinitz 1968, S. 248 ff.; Brinker 1971, S. 221 f.

[16] In Beispiel (2) ist diese Regel nur scheinbar durchbrochen, wenn wir annehmen, daß der Wortgruppe die explizite Form *ein 47jähriger Düsseldorfer Rechtsanwalt namens H.-J. O.* zugrunde liegt, die dann aufgrund der Bestimmungsleistung des Eigennamens zu *der 47jährige Düsseldorfer Rechtsanwalt H.-J. O.* verkürzt werden kann (vgl. dazu Harweg 1968, S. 371).

Im Unterschied zu manchen textlinguistischen Untersuchungen[17] umschreiben wir den Signalwert des Artikels mit „bekannt" und „nicht bekannt" und nicht mit „vorerwähnt" und „nicht vorerwähnt". Der Grund dafür ist, daß der Signalwert des Artikels nicht textgebunden zu sein braucht. Bekanntheit oder Unbekanntheit können innertextlich (Beispiele 1—4) oder außertextlich begründet sein; darüber sagt der Artikel nichts aus. Ein Beispiel für außertextlichen Bezug des bestimmten Artikels ist das folgende Textbeispiel:

(5) Der mutmaßliche Entführer des Essener Supermarkt-Millionärs Th. A., der Düsseldorfer Rechtsanwalt H. J. O., ist am Samstagmorgen freiwillig aus Mexiko in die Bundesrepublik zurückgekehrt. Er wurde festgenommen. O. bestreitet jede Beteiligung an der Entführung. *Die sieben Millionen Mark Lösegeld* sind weiterhin spurlos verschwunden. ...
(aus: Welt am Sonntag vom 2. 1. 1972)

Der Text verweist — angezeigt durch den bestimmten Artikel — auf außertextliche Informationen, die der Schreiber beim Leser als bekannt voraussetzt (hier gegeben durch die Berichterstattung der vergangenen Zeit, in der die sieben Millionen häufiger erwähnt wurden).

Es gibt auch Ausdrücke, die prinzipiell das Merkmal „definit" tragen; dazu gehören Eigennamen, generell verwendete Gattungsnamen (wie *der Mensch* schlechthin, *das Tier* im Unterschied zum Menschen) und sog. Unika (zur Bezeichnung nur einmalig vorkommender Referenzträger wie *der Mond, die Sonne* usw.). Ihre Bekanntheit liegt in dem allgemein vorausgesetzten Vorwissen, in unserer als gegeben angenommenen Weltkenntnis begründet. So kann z. B. der Referenzträger in den Textbeispielen 2 und 5 (*der Rechtsanwalt H. J. O.* oder *der Millionär Th. A.*) mit dem bestimmten Artikel eingeführt werden, da er durch Eigennamen benannt wird (vgl. auch Anm. 16).

Wir fassen zusammen: Der Artikel schafft weder Bekanntheit noch Unbekanntheit; er ist lediglich ein Signal für den Hörer (Leser), daß der Sprecher (Autor) bestimmte Informationen beim Hörer (Leser) als bekannt oder nicht bekannt voraussetzt. Die vorausgesetzten Informationen können inner- und/ oder außertextlicher Art sein.

Nachdem wir das Prinzip der expliziten Wiederaufnahme in seinen Grundzügen behandelt haben, stellt sich die Frage, welche Bedingungen ein sprachlicher Ausdruck (ein Substantiv oder Pronomen) erfüllen muß, um in der beschriebenen Weise als wiederaufnehmender Ausdruck dienen zu können. Da

[17] Etwa der Arbeit von Steinitz 1968. — Zur textlinguistischen Bedeutung der Artikelformen vgl. vor allem Weinrich 1969 und Baumann 1970

der Textproduzent sicherstellen will, daß sich die verschiedenen Ausdrücke (die ja durchaus unterschiedliche Bedeutungen haben können) auf denselben Referenzträger beziehen, daß also auch wirklich Koreferenz erreicht wird, ist nicht anzunehmen, daß die Wahl der wiederaufnehmenden Wörter beliebig ist.

Wenn wir von der unproblematischen Wiederaufnahme durch dasselbe Wort, der sog. Repetition, hier einmal absehen, sind — wie oben bereits angedeutet wurde — mindestens zwei Fälle zu unterscheiden:

— Wiederaufnahme durch andere Substantive
— Wiederaufnahme durch Pronomen

Wir gehen zuerst auf die Wiederaufnahme des Bezugsausdrucks durch andere Substantive bzw. substantivische Wortgruppen ein.

Eine genauere Betrachtung der Textbeispiele 2 und 3 zeigt, daß zwischen den hervorgehobenen Ausdrücken bestimmte Bedeutungsbeziehungen bestehen. Die Substantive *Rechtsanwalt* und *Jurist* bzw. *Auto* und *Fahrzeug* sind zwar nicht bedeutungsgleich (synonym) wie die Wörter *Briefträger* und *Postbote* oder *Fahrstuhl* und *Lift*, aber sie sind doch bedeutungsähnlich. Wir können sagen: die Wörter *Jurist* bzw. *Fahrzeug* stellen gewissermaßen Oberbegriffe zu *Rechtsanwalt* bzw. *Auto* dar, d. h., sie besitzen einen größeren Bedeutungsumfang als die Wörter *Rechtsanwalt* bzw. *Auto*, während diese aufgrund spezifischerer Bedeutungsmerkmale einen größeren Bedeutungsinhalt aufweisen. Diese Bedeutungsbeziehungen bestehen nun unabhängig vom konkreten Text im Lexikon unserer Sprache, sie sind sozusagen im sprachlichen System selbst verankert.

Das ist anders in Textbeispiel 4. Die Substantive *Mann, Facharbeiter, Betrunkener, Gefangener* stehen auch hier in der Relation der Wiederaufnahme, d. h., sie beziehen sich auf dieselbe Person. Zwischen diesen Wörtern bestehen aber keine besonderen, im Sprachsystem vorgegebenen Bedeutungsbeziehungen (wenn man von dem allgemeinen semantischen Merkmal „männlich“, das alle Wörter verbindet, einmal absieht). Die referenzidentische Verknüpfung von *Mann, Facharbeiter, Betrunkener, Gefangener* wird erst in diesem Text und durch diesen Text aufgebaut; die Beziehung hat somit auch nicht für alle möglichen Texte Gültigkeit, sondern nur für diesen Text, in dem sie bestimmt ist. Es handelt sich hier nicht um eine Erscheinung des Sprachsystems, sondern um eine der Sprachverwendung. Daß der Leser die verschiedenen Ausdrücke auf dieselbe Person bezieht, wird dadurch erreicht, daß eine regelhafte Abfolge von unbestimmtem und bestimmtem Artikel vorliegt und andere Möglichkeiten der Bezugnahme nicht vorhanden sind. Außerdem übernimmt der Textzusammenhang (der Kontext) eine unterstützende Funktion (vgl. z. B. die Beziehung von *Notarrest* und *Gefangener*). Beim Lesen (und Verstehen) des Textes ergänzen wir (unbewußt) etwa die folgenden Aussagen: „Dieser Mann war ein Facharbeiter, und er war betrunken" (aus dem Kontext); „Wenn jemand arretiert wird, ist er ein Gefangener" (aus unserer Weltkenntnis).

Wenn wir nun die Abfolge der Ausdrücke in den Textbeispielen (2) und (3) betrachten, dann läßt sich die folgende Regularität feststellen: Die Ausdrücke mit dem größeren Bedeutungsumfang, die sog. Oberbegriffe (*Jurist, Fahrzeug*) sind die wiederaufnehmenden Ausdrücke, während die Wörter mit der spezifischeren Bedeutung als Bezugsausdrücke fungieren — oder vereinfacht formuliert: In der Wiederaufnahmerelation folgt der Oberbegriff auf den Unterbegriff und nicht umgekehrt.[18] So wirkt die folgende Satzfolge (im Unterschied zu Beispiel 3) ungewöhnlich:

(6) Um die Ecke kam **ein Fahrzeug**. *Das Auto* fuhr viel zu schnell.

Wie Textbeispiel (4) zeigt, gilt diese Abfolgeregel (spezieller Ausdruck — allgemeiner Ausdruck) nur für Wiederaufnahmeverhältnisse, die mit Wörtern geleistet werden, die durch bestimmte, im Lexikon der Sprache festgelegte Bedeutungsbeziehungen (wie Überordnung, Unterordnung) verbunden sind. Solche Beziehungen bestehen — wie bereits ausgeführt — zwischen den hervorgehobenen Substantiven in Beispiel 4 nicht, so daß hier auch die Abfolge *Mann, Facharbeiter, Betrunkener, Gefangener* möglich ist, wenn auch manche Informanten die Folge *ein Facharbeiter — der Mann* für „normaler" halten (wahrscheinlich deshalb, weil *Mann* aufgrund des allgemeinen Bedeutungsmerkmals „männlich" als allgemeinster Oberbegriff zu den anderen Begriffen verstanden werden kann).

Wir kommen nun zur Wiederaufnahme durch Pronomen.

[18] Vgl. dazu Steinitz 1969, S. 145, die den Bezug zwischen Bezugsausdruck und wiederaufnehmendem Ausdruck durch Mengenrelationen zu kennzeichnen versucht. Sie kommt zu dem allgemeinen Ergebnis: „In einem fortlaufenden Text kann ein Nomen, das einen Referenzträger benennt, bei dessen wiederholtem Vorkommen nicht nur durch ein Pronomen weitergeführt werden, sondern auch durch ein Nomen aus einer Menge, die dadurch ausgezeichnet ist, daß ihre Elemente, die Nomina, höchstens gleich viel, aber keine anderen semantischen Merkmale enthalten als das Nomen, das beim ersten Vorkommen steht. Solche Nomina bezeichnen Obermengen (Oberbegriffe) zu den benannten Referenzträgern."

3.3.1.1. Die explizite Wiederaufnahme

Als „Pronomen" bezeichnet man in den Grammatiken Wörter, die stellvertretend für Substantive, genauer für substantivische Wortgruppen stehen und die einen minimalen Bedeutungsinhalt besitzen. Ihre Bedeutung beschränkt sich im wesentlichen auf die Markierung des grammatischen Geschlechts (Genus); sie werden deshalb mit Recht als die allgemeinsten Oberbegriffe der Substantivklassen angesehen.[19] Neben den bisher erwähnten Personalpronomen der dritten Person (*er, sie, es; sie*) gibt es allerdings noch weitere Kurzformen, die als wiederaufnehmende Ausdrücke gebraucht werden können. Es handelt sich dabei vor allem um die Demonstrativpronomen (*dieser; jener; der*), soweit sie nicht als Begleiter des Substantivs, also in Artikelfunktion auftreten (*dieser Mann*), und um Adverbien (wie *da, dort, damals, deshalb*), unter denen die sog. Pronominaladverbien (wie *dabei, darin, darauf, damit, hierdurch, worin* usw.) eine besonders große Gruppe bilden.

Wir geben einige Beispiele:

(7) Kennst Du **Heinz**? *Der* ist mein bester Freund.

(8) Hans wohnt **in Berlin**. *Dort* studiert er Medizin.

(9) Hans war **im Jahre 1970** in Hamburg. *Damals* lernte ich ihn kennen.

(10) Hans fuhr uns mit dem Auto. *Deshalb* (= weil Hans uns mit dem Auto fuhr) waren wir bereits um 8 Uhr zu Haus.

(11) Er hielt **eine Rede**, *worin* (in der) er seinen Lehrer erwähnte.

Die textlinguistische Forschung faßt alle diese Ausdrücke unter dem Terminus „Pro-Formen" zusammen. Der Begriff „Pro-Form" wird allerdings unterschiedlich weit verstanden; wir wollen (im Anschluß an W. Dressler, H. Vater u. a.)[20] nur die Ausdrücke Pro-Formen nennen, die wie die genannten Pronomen und Adverbien aufgrund ihres minimalen Bedeutungsinhalts ausschließlich dazu dienen, andere sprachliche Einheiten referenzidentisch wiederaufzunehmen.

Wichtig ist nun, daß die Bezugsausdrücke von unterschiedlicher Ausdehnung sein können; es können nicht nur Wortgruppen, sondern auch Sätze oder Satzfolgen, kurz: Informationseinheiten unterschiedlicher syntaktischer Prägung durch Pro-Formen wiederaufgenommen werden — wie das folgende Beispiel zeigt:

(12) Als die Kinder die Macht ergriffen, gingen die Eltern in Deckung. Luftballons flogen über eingezogene Köpfe. Mobiliar polterte über das Parkett. Der Fußbo-

[19] Vgl. Steinitz 1969, S. 147

[20] Vgl. Dressler 1973, S. 25 f.; Vater 1975, S. 20—42; Hennig/Huth 1975, S. 157 ff.

den bebte unter stampfendem Toben. Im Souterrain rieselte Kalk. Triumphgeschrei aus heiseren Kehlen hallte hinaus in den Grunewald. 33 Kinder (zwischen zwei und zwölf Jahren) hatten die Freiheit entdeckt. *Das* war gegen 18 Uhr am ersten Tag einer außergewöhnlichen Woche ...
(aus: Die Zeit vom 14. 1. 1972)

Manchmal ist ein Bezugswort auch überhaupt nicht ausgedrückt, gar nicht explizit vorhanden, wie in dem folgenden Beispiel:

(13) Hans fragte sich, ob er ins Kino gehen sollte oder nicht. Er hatte *dabei* auch zu berücksichtigen, daß er sein Arbeitspensum noch nicht erledigt hatte.

Der Bezugsausdruck von *dabei* müßte etwa heißen *bei dieser Entscheidung*; er ist aus dem Kontext zu folgern.

Abschließend wollen wir noch einen Blick auf die Richtung der Wiederaufnahme in der Linearität des Textes werfen. Sie verläuft in den bisher angeführten Beispielen von rechts nach links, d. h., die Pro-Form folgt in allen Fällen dem Bezugsausdruck. Die textlinguistische Forschung[21] spricht hier von „Rückwärtsverweisung" und nennt die Pro-Formen, die im Text vorangegangene sprachliche Einheiten wiederaufnehmen, anaphorische (zurückverweisende) Pro-Formen. Es gibt aber auch die entgegengesetzte Möglichkeit, die sog. Vorwärtsverweisung. Sie wird durch die sog. kataphorischen (vorausweisenden) Pro-Formen geleistet. Eine ausgesprochen kataphorische Pro-Form ist z. B. der Ausdruck *folgendes*. Es können aber auch manche anaphorischen Pro-Formen kataphorisch gebraucht werden. Wir wollen dazu das folgende Beispiel betrachten:

(14) Warum hat *sie* kein anderer gefunden? Warum gerade ich, der *ihren* Wert weiß, der sich von diesen Dingen so weit entfernt hat?

Ich konnte nicht ahnen, was **die Kapsel** enthielt. ...

(aus: H. Bender, Die Hostie. Erzählung. 1953 — Textanfang)

Hier erfolgt die Textverknüpfung durch das Personalpronomen *sie* und das Possessivpronomen *ihr*; beide Pronomen verweisen in kataphorischer Richtung auf den Ausdruck *die Kapsel*.

Ein solcher Textanfang wirkt zweifellos ungewöhnlich. Entsprechend der oben formulierten Regel (vgl. S. 32) könnte man erwarten, daß der Referenzträger beim ersten Vorkommen durch den spezifizierteren Ausdruck *(Kapsel)* bezeichnet und dann durch das Pronomen *sie* als allgemeinsten Oberbegriff wiederaufgenommen würde.

[21] Vgl. etwa Kallmeyer u. a. 1974, Bd. 1, S. 180; Dressler 1973, S. 57 ff.

In der Forschung hat man solche Textanfänge auf literarische Texte beschränken wollen.[22] Doch ist diese Auffassung insofern nicht ganz zutreffend, als sich Beispiele dieser Art auch häufig in Zeitungen finden. Ein Beispiel für viele:

(15) Man hat *ihn* einen Magier der Sprache genannt — und einen überschätzten Literatur-Kunstgewerbler. Einen heroischen Nihilisten — und einen christlichen Warner des Abendlandes. *Er* ist als Wegbereiter des Nationalsozialismus angeklagt — und als Verteidiger von Freiheit und Individualismus gepriesen worden. **Ernst Jünger**, Einzelgänger und Außenseiter, ist bis heute ein nicht restlos geklärter „Fall" neuerer deutscher Literatur geblieben. ...
(aus: Hamburger Abendblatt vom 14. 4. 1977)

Das Beispiel macht deutlich, daß die Regel (der Ausdruck mit der spezifischeren Bedeutung geht dem Ausdruck mit dem größeren Bedeutungsumfang voraus) nicht auf die Fälle ausgedehnt werden darf, in denen Pro-Formen die Wiederaufnahme leisten. Sie gilt offenbar nur für Ausdrücke (Substantive), die im engeren Sinn in der Relation der Überordnung (Hyperonymie) bzw. Unterordnung (Hyponymie) stehen.

Die anaphorische und die kataphorische Verknüpfungsrichtung werden häufig miteinander kombiniert, wie das folgende Beispiel zeigt:

(16) (1) Ein Jahr ließen *sie*$_1$ *ihn*$_2$ auf *seinen*$_2$ Prozeß warten. (2) Die Hoffnung trog, daß **die Sowjets**$_1$ unter dem Druck der Carterschen Menschenrechtsoffensive *den Gründer der Moskauer Helsinki-Gruppe*$_2$ vorher freilassen und in den Westen abschieben würden. (3) Am Pfingstmontag stellten *sie*$_1$ **den Atomphysiker und Bürgerrechtler Jurij Orlow**$_2$ vor Gericht. ...
(aus: Die Zeit v. 19. 5. 1978)

Segment 1 ist kataphorisch sowohl auf Segment 2 (*sie — die Sowjets*) als auch auf Segment 3 (*ihn, seinen — den Atomphysiker und Bürgerrechtler J. O.*) bezogen. Segment 2 und 3 sind einerseits kataphorisch (*den Gründer der ... — den Atomphysiker ... J. O.*), andererseits anaphorisch (*die Sowjets — sie*) miteinander verknüpft.

Die kataphorische Textverknüpfung ist in besonderer Weise geeignet, beim Leser Spannung und die Erwartung auf neue Information zu erwecken.[23] Das dürfte wohl der Grund für die häufige Verwendung der kataphorischen Wiederaufnahme in der Literatur und in Zeitungstexten sein.

[22] Vgl. dazu etwa Harweg 1968, S. 160 ff.; Harweg 1968 b, S. 383 ff.
[23] Vgl. Dressler 1973, S. 55 ff.

3.3.1.2. Die implizite Wiederaufnahme

Im Gegensatz zur expliziten Wiederaufnahme ist die implizite Wiederaufnahme dadurch charakterisiert, daß zwischen dem wiederaufnehmenden Ausdruck (in der Regel ein Substantiv oder eine substantivische Wortgruppe) und dem wiederaufgenommenen Ausdruck (dem Bezugsausdruck) keine Referenzidentität besteht. Beide Ausdrücke beziehen sich auf verschiedene Referenzträger, d. h., es wird von verschiedenen Gegenständen und dergleichen gesprochen; zwischen diesen bestehen aber bestimmte Beziehungen, von denen die Teil-von- oder Enthaltenseinsrelation die wichtigste ist. Wir wollen diese Form der Wiederaufnahme durch die beiden folgenden Textausschnitte verdeutlichen.

(17) Am 8. November 1940 kam ich in **Stockholm** an. *Vom Bahnhof* fuhr ich zu Schedins Pension in der Drottinggata, wo Max Bernsdorf ein Zimmer für mich bestellt hatte. ...
(aus: P. Weiss, Fluchtpunkt. Roman. 1962 — Textanfang)

(18) **Das graue Giebelhaus, in dem Johannes Friedemann aufwuchs**, lag am nördlichen Tore der alten, kaum mittelgroßen Handelsstadt. *Durch die Haustür* betrat man eine geräumige, mit Steinfliesen versehene Diele, von der eine Treppe mit weißgemaltem Holzgeländer *in die Etagen* hinaufführte. Die Tapeten *des Wohnzimmers im ersten Stock* zeigten verblichene Landschaften. ...
(aus: Th. Mann, Der kleine Herr Friedemann. In: Th. Mann, Gesammelte Werke. Bd. 8. 2. Aufl. Frankfurt 1960, S. 78)

Wenn hier der bestimmte Artikel gebraucht wird, so muß die Bekanntheit etwa des Bahnhofs aus der Bekanntheit von Stockholm, die Bekanntheit der Haustür, der Etagen, des Wohnzimmers im ersten Stock aus der Bekanntheit des grauen Giebelhauses folgen: Stockholm und das graue Giebelhaus[24] werden eingeführt; damit sind zugleich auch der Bahnhof (von Stockholm) bzw. die Haustür, die Etagen, das Wohnzimmer im ersten Stock des grauen Giebelhauses eingeführt.

Wir können diese impliziten Wiederaufnahmen in explizite umwandeln, indem wir etwa die folgenden Zwischensätze (eingeklammert) in den Text einfügen:

(17') Am 8. November 1940 kam ich in Stockholm an. (Dort gab es **einen Bahnhof**). *Vom Bahnhof* fuhr ich ...

[24] Das graue Giebelhaus kann mit bestimmtem Artikel eingeführt werden, da es durch den nachfolgenden Relativsatz *in dem Johannes Friedemann aufwuchs* so bestimmt wird, daß es eine Art von Eigennamen darstellt. — Vgl. Harweg 1968a, S. 10f.

(18') Das graue Giebelhaus, in dem Johannes Friedemann aufwuchs, lag am nördlichen Tore der alten, kaum mittelgroßen Handelsstadt. (Dieses Haus hatte **eine Haustür**, Etagen, ein Wohnzimmer, einen ersten Stock usw.). Durch *die Haustür* betrat man ...

Zwischensätze dieser Art sind grundsätzlich möglich, führen aber leicht zu einer infantilisierenden Wirkung des Textes[25], und zwar aus folgendem Grund: Die aufgeführten Gegenstandsbeziehungen sind im heutigen Sprachsystem, d. h. im Sprachbesitz, in der Sprachkompetenz des Sprachteilhabers verankert, so daß man sagen kann, daß dem Ausdruck *Stadt* in der Sprachkompetenz u. a. das Merkmal „Bahnhof", dem Ausdruck *Haus* Merkmale wie „Haustür", „erster Stock", „Wohnzimmer" usw. mitgegeben sind.

In der textlinguistischen Forschung faßt man solche Bedeutungsbeziehungen zwischen Wörtern unter dem Terminus „semantische Kontiguität" zusammen, der „begriffliche Nähe", „inhaltliche Berührung" bedeutet.[26] Wie bereits ausgeführt, handelt es sich dabei vielfach um Enthaltenseinsrelationen (z. B. „Bahnhof" ist in „Stadt" enthalten, „Chefarzt" gehört zu „Krankenhaus").

Kontiguitätsverhältnisse zwischen Wörtern können — wie R. Harweg im einzelnen erarbeitet hat — u. a. ontologisch, logisch oder kulturell begründet sein.

Wir geben dazu einige Beispiele:

— logisch (begrifflich) begründetes Kontiguitätsverhältnis
eine Niederlage: der Sieg; ein mühsamer Aufstieg: der Abstieg; ein Problem: die Lösung; eine Frage: die Antwort

— ontologisch (naturgesetzlich) begründetes Kontiguitätsverhältnis
ein Blitz: der Donner; ein Mensch: das Gesicht; ein Elefant: der Rüssel; ein Kind: die Mutter

— kulturell begründetes Kontiguitätsverhältnis
eine Straßenbahn: der Schaffner; eine Stadt: der Bahnhof; eine Kirche: der Turm; ein Haus: die Türen; ein Krankenhaus: der Chefarzt

Die aufgeführten Paare muß man sich in Satzfolgen vorkommend vorstellen, z. B. *Wir hatten einen mühsamen Aufstieg. Der Abstieg war aber viel leichter. — Morgen muß ich eine Prüfung ablegen. Der Prüfer ist mir nicht wohlgesinnt* usw.

[25] Vgl. Harweg 1968, S. 195
[26] Vgl. Harweg 1968, S. 192 ff.; Dressler 1973, S. 38

Sind solche Kontiguitätsbeziehungen zwischen Wörtern im sprachlichen System nicht vorhanden, so ist eine Verknüpfung in der Form der impliziten Wiederaufnahme nicht möglich. Die Satzfolge *Hans betrat ein Haus. Das Mädchen schrie laut* wird Befremden auslösen (im Unterschied zu: *Hans betrat ein Haus. Die Tür knarrte laut.*). Eine solche Verknüpfung wird nur akzeptiert, wenn irgendwo im Text die Merkmalsbeziehung zwischen *Haus* (einem bestimmten Haus) und *Mädchen* (einem bestimmten Mädchen) hergestellt wird, wenn irgendwo eingeführt wird, daß bei diesem Haus ein Mädchen zu erwarten ist.[27] Im Gegensatz zu *Stadt-Bahnhof* usw. ist also die Beziehung *Haus-Mädchen* keine Erscheinung des Sprachsystems, sondern der aktuellen Sprachverwendung.

3.3.1.3. Zur schematischen Darstellung von Wiederaufnahmerelationen

Die Wiederaufnahmerelationen eines Textes lassen sich in Form eines Strukturschemas darstellen. Wir wollen das exemplarisch an dem folgenden Zeitungskommentar verdeutlichen.

(19) Mutiges Urteil
Von Reiner Possekel

(1) Eine Richterin beim Amtsgericht in Mettmann hat ein mutiges Urteil gesprochen. (2) Sie lehnte die Klage eines 18jährigen Gymnasiasten ab, der von zu Hause weggezogen war und von seinen Eltern monatlich 200 Mark Unterhalt forderte. (3) Der junge Mann hatte sich darüber beklagt, daß seine Eltern ihn nicht aufgeklärt, mit ihm nicht über den Kommunismus diskutiert und seiner Freundin Hausverbot erteilt hätten. (4) Trotzdem, so meinte die Richterin, könne dem jungen Mann zugemutet werden, weiterhin im Elternhaus wohnen zu bleiben und Toleranz aufzubringen.

(5) Das Urteil wird in vielen Familien heiße Diskussionen auslösen. (6) Das ist gut so. (7) Manche Töchter und manche Söhne sehen offenbar in dem seit Anfang vergangenen Jahres gültigen Volljährigkeitsgesetz nur ihre Rechte. (8) Dieses Gesetz billigt ihnen zu, schon im Alter von 18 Jahren gegen den Willen der Eltern zu heiraten, die Schule zu verlassen oder Verträge abzuschließen. (9) Doch mehr Rechte bedeuten auch mehr Pflichten und mehr Verantwortung.

(10) Die Richterin in Mettmann hat dem jungen Volljährigen hinter die Ohren geschrieben, daß die neue Regelung kein Freifahrtschein für ein vogelfreies Leben ist. (11) Nach wie vor gilt es, Rücksicht auf Eltern und Geschwister zu nehmen.

[27] In Anknüpfung an Überlegungen A. Ströbls zu Harwegs Substitutionstheorie (in einem Papier von 1970, IDS Mannheim). — Wir können die Satzfolge akzeptabel machen, indem wir folgenden Zwischensatz einfügen: „Hans betrat **ein Haus**. *In diesem Haus* befand sich **ein Mädchen**. *Das Mädchen* schrie laut."

(12) Die neue Volljährigkeitsregelung ist eine Herausforderung an beide Generationen. (13) Sicher werden auch einige Eltern lernen müssen, ihre nun erwachsenen Söhne oder Töchter nicht mehr wie Kinder zu behandeln. (14) Aber von jungen Leuten, die körperlich und geistig früher reif sind, muß man auch erwarten können, daß sie entsprechend früher verantwortungsbewußt und rücksichtsvoll sind.

(aus: Hamburger Abendblatt vom 27.2.1976)

Die zentralen Wiederaufnahmeverhältnisse des Textes (bezogen auf den nominalen Bereich) können schematisch folgendermaßen repräsentiert werden:

Segment/Wiederaufnahmerelationen

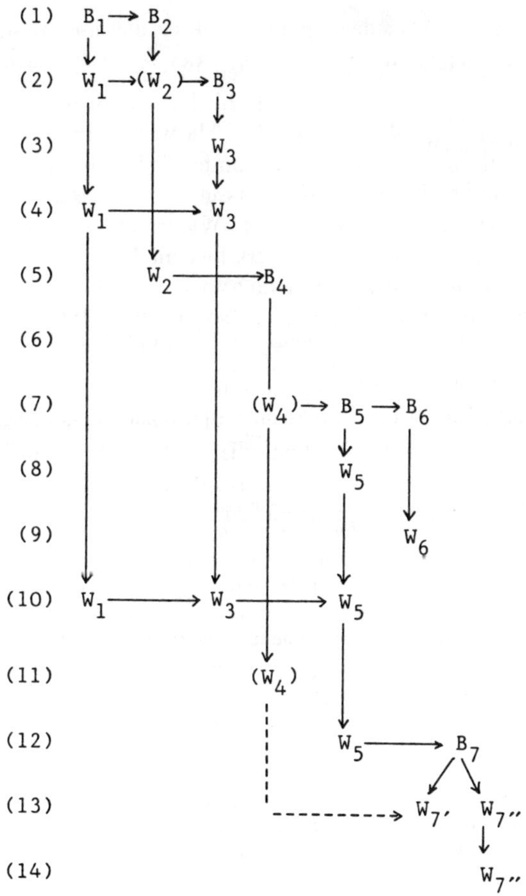

Erläuterungen:

B = Bezugsausdruck; W = wiederaufnehmender Ausdruck

B_1 = eine Richterin beim Amtsgericht in M.; B_2 = ein mutiges Urteil; B_3 = ein 18jähriger Gymnasiast; B_4 = in vielen Familien; B_5 = das Volljährigkeitsgesetz; B_6 = ihre Rechte; B_7 = beide Generationen.

Implizite Wiederaufnahmen sind in Klammern gesetzt.

B_7 (Segment 12) teilt sich zwar unmittelbar in $W_{7'}$ (einige Eltern) und $W_{7''}$ (ihre nun erwachsenen Söhne und Töchter). Es wird aber auch über W_4 (in Satz 7) und W_4 (in Satz 11) eine indirekte Wiederaufnahmebeziehung zwischen B_4 und $W_{7'}/W_{7''}$ hergestellt (angedeutet durch die gestrichelte Pfeillinie).

Das Schema zeigt die (nominale) Wiederaufnahmestruktur, die einen wesentlichen Teil der grammatischen Verknüpfungsstruktur des Textes ausmacht.

Das Prinzip der Wiederaufnahme in seinen unterschiedlichen Formen ist am ausführlichsten von R. Harweg behandelt worden. Harweg (er spricht von „syntagmatischer Substitution“) erarbeitet eine umfassende Klassifikation von Substitutionstypen, unter denen die Identitätssubstitution (etwa Wortwiederholung), die Similaritätssubstitution (z. B. Wiederaufnahme durch Synonyme) und die Kontiguitätssubstitution (verschiedene Formen der impliziten Wiederaufnahme) die wichtigsten Grundtypen bezeichnen.[28] Harweg gründet auf das Prinzip der Wiederaufnahme sogar seinen Textbegriff, wenn er Text definiert „als eine Folge von Sätzen, die im Sinne syntagmatischer Substitution miteinander verbunden sind“.[29]

Da das Prinzip der Wiederaufnahme in der ersten Phase der Textlinguistik allgemein als besonders konstitutiv für die Textkohärenz betrachtet wurde[30], wollen wir einige Bemerkungen zur Relevanz dieses Prinzips für das Kohärenzproblem und für das Textverstehen anschließen.

[28] Vgl. Harweg 1968, S. 178 ff. — Unter „Substitution“ versteht Harweg die „Ersetzung eines sprachlichen Ausdrucks durch einen anderen sprachlichen Ausdruck“ (S. 20). Das Verhältnis der syntagmatischen Substitution ist dadurch gekennzeichnet, daß Bezugsausdruck und wiederaufnehmender Ausdruck nacheinander, d. h. an aufeinanderfolgenden Stellen innerhalb des Textes stehen (Harweg, ebd.).

[29] Harweg 1968a, S. 8

[30] Vgl. z. B. auch Raible 1971, S. 302: „Erzähltexte und generell Texte sind zu einem entscheidenden Teil deshalb Texte, weil bestimmte Informationseinheiten, die am Anfang als neu eingeführt wurden, im folgenden referenzidentisch wiederaufgenommen werden.“

3.3.2. Die Bedeutung des Prinzips der Wiederaufnahme

3.3.2.1. Zur Relevanz für die Textkohärenz

Wir gehen von der folgenden These aus: Das Prinzip der Wiederaufnahme in seinen verschiedenen Formen ist zwar ein wesentliches Mittel der Textkonstitution; es liefert aber weder hinreichende noch notwendige Bedingungen dafür, daß eine Folge von Sätzen eine kohärente Satzfolge darstellt, d. h. als Text verstanden wird. Denn einerseits werden nicht alle Satzfolgen, die durch das Prinzip der Wiederaufnahme verknüpft sind, als kohärent interpretiert (s. Beispiel 20), andererseits sind nicht alle Satzfolgen, die als kohärent interpretiert werden, durch das Prinzip der Wiederaufnahme verbunden (s. Beispiel 21—24).[31]

Wir wollen diese These an einigen Beispielen verdeutlichen.

(20) Ich habe eine alte Freundin in Hamburg getroffen. Dort gibt es zahlreiche öffentliche Bibliotheken. Diese Bibliotheken wurden von Jungen und Mädchen besucht. Die Jungen gehen oft in die Schwimmbäder. Die Schwimmbäder waren im letzten Jahr mehrere Wochen geschlossen. Die Woche hat 7 Tage. usw. usw.

Die vorliegende (konstruierte) Satzfolge ist durchgehend im Sinne des Prinzips der Wiederaufnahme verknüpft, kann aber trotzdem nicht als kohärent gelten. Das liegt wohl darin begründet, daß kein einheitliches Thema erkennbar ist (s. dazu unten Abschnitt 3.4.). Außerdem stört die Inkongruenz im Tempus, d. h. die Uneinheitlichkeit der Zeitformen. Perfekt, Präsens, Imperfekt sind in ihrer Abfolge nicht aufeinander abgestimmt.

(21) B. Brecht: Der beste Stil

(1) Das einzige, was Herr Keuner über den Stil sagte, ist: „Er sollte zitierbar sein. (2) Ein Zitat ist unpersönlich. (3) Was sind die besten Söhne? (4) Jene, welche den Vater vergessen machen!"

(aus: B. Brecht, Geschichten vom Herrn Keuner. Frankfurt 1971, S. 90)

Die beiden letzten Segmente sind nicht mit den vorhergehenden durch das Prinzip der Wiederaufnahme verknüpft.[32] Dennoch haben wir nach unserem Verständnis eine kohärente Satzfolge vor uns. Wir beziehen *Söhne* auf *Stil*

[31] Vgl. dazu Brinker 1971, S. 223 f.

[32] Man könnte allenfalls die Auffassung vertreten, daß die kataphorische Proform *das einzige* (Segment 1), die in diesem Text auf das gesamte nachfolgende Zitat verweist, dadurch auch die beiden ersten Segmente mit den beiden letzten Segmenten des Textes verbindet.

und können unser Verständnis folgendermaßen umschreiben: „Stil sollte unpersönlich sein wie ein Zitat. Der beste Stil ist jener, der den Verfasser vergessen macht."

(22) Die Lampe brennt nicht. Die Sicherung ist durchgebrannt.

(23) Es hat ein Unglück gegeben. Zwei Autos sind zusammengestoßen.

(24) Es war eine regnerische Nacht. Zwei Männer standen in einem Hauseingang und rauchten.

Bei den Satzfolgen (22)–(24) fehlen überhaupt alle syntaktisch-semantischen Verknüpfungssignale. Wir stufen sie aber ohne Zögern als kohärente Satzfolgen (also als Texte) ein. In Beispiel (22) liegt eine kausale Verknüpfung vor. Den im zweiten Satz beschriebenen Sachverhalt interpretieren wir als Ursache für die im ersten Satz ausgedrückte Proposition. In Beispiel (23) besteht die Verknüpfungsbeziehung in einer „Spezifizierung" des Ausdrucks *ein Unglück* durch die Proposition des zweiten Satzes („das Unglück bestand darin, daß ..."). In Beispiel (24) gibt der erste Satz eine „Situierung", den situativen Rahmen, für den zweiten.

H. Isenberg hat solche Fälle unter dem Terminus „Vertextungstypen" zusammengefaßt.[33]

Schließlich ist noch zu erwähnen, daß es noch andere grammatische Verknüpfungsmöglichkeiten gibt als das Prinzip der Wiederaufnahme. Eine besonders wichtige Rolle spielt in diesem Zusammenhang die Textverknüpfung durch Konjunktionen (z. B. *und, denn, weil, oder* u. a.). Der folgende Textausschnitt, der einer Werbeanzeige entstammt, kann das deutlich machen:

(25) Das sprudelnde Boxazin S hilft rasch schmerzstillend und bei Erkältung auch fiebersenkend. *Denn* vollkommen in Wasser gelöste Wirkstoffe kann der Körper schnell verwerten. *Und* soviel Vitamin C wie aus 7 Zitronen stärkt die Widerstandskraft und macht wieder frisch. ...

(aus: Stern vom 16. 2. 1978)

Auch Adverbien, die nicht als Pro-Formen einzustufen sind, können Textkohärenz bewirken (z. B. *auch, vielmehr, also, dennoch*).

Damit sind zwar nicht alle, wohl aber die wichtigsten grammatischen Mittel besprochen, die zur Textkohärenz beitragen.[34]

[33] Vgl. Isenberg 1971, S. 198 f.

[34] Hinzuweisen wäre u. a. noch auf Regularitäten bei der Tempuswahl (s. o. zu Bei-

3.3.2.2. Zur Relevanz für das Textverstehen

Um unsere Ausführungen zu den grammatischen Kohärenzbedingungen zusammenzufassen und abzurunden, stellen wir abschließend die Frage: Aufgrund welcher Indizien nimmt der Hörer oder Leser zwischen bestimmten Ausdrücken in aufeinanderfolgenden Sätzen eine Relation der Wiederaufnahme an? Sind diese Indizien rein grammatischer, d. h. syntaktischer und semantischer Art?

Semantisch gesehen können wir textimmanente, sprachimmanente und sprachtranszendente Indizien voneinander unterscheiden:

— textimmanent, das heißt: Die Beziehung zwischen Bezugsausdruck und wiederaufnehmendem Ausdruck wird im Text selbst hergestellt; sie ist in dieser Form nicht im sprachlichen System verankert (vgl. o. Textbeispiel 4).

— sprachimmanent, das heißt: Die Beziehung zwischen Bezugsausdruck und wiederaufnehmendem Ausdruck ist im Sprachsystem verankert. Hierher gehören die oben behandelten semantischen Relationen der Synonymie, der Hyperonymie und Hyponymie sowie der Kontiguität.

— sprachtranszendent, das heißt: Die Beziehung zwischen Bezugsausdruck und wiederaufnehmendem Ausdruck transzendiert das Sprachsystem im engeren Sinne und gründet auf enzyklopädischen Erfahrungen und Kenntnissen der Kommunikationspartner, d. h. auf einer „Semantik" im weitesten Sinn, die das Erfahrungswissen und die Weltkenntnis von Sprecher und Hörer mit einschließt. Der Text wird in solchen Fällen nur dann als kohärent verstanden, wenn der Hörer auch über die Kenntnisse verfügt, die der Sprecher bei ihm voraussetzt, z. B. die Wiederaufnahme von *Nixon* durch *der Präsident* in dem folgenden Beispiel (grammatisch möglich wäre auch die Beziehung *W. Lippmann — der Präsident*).

(26) Walter Lippmann, der große alte Mann der amerikanischen Publizistik, hat vor einigen Monaten über **Richard Nixons** Vietnampolitik ein herbes Urteil gefällt; er fand sie „verdreht, akrobatisch, absurd". Am Jahreswechsel verwirrte *der Präsident* die Weltöffentlichkeit aufs neue. ...

(aus: Die Zeit vom 7. 1. 1972)

spiel 20). — Vgl. auch das von H. Sitta herausgegebene Heft der Zeitschrift „Der Deutschunterricht" (6/1988) mit dem Titel „Textkohärenz".

Allerdings kann man zwischen der sprachimmanenten (auf dem Sprachsystem im engeren Sinn beruhenden) Erfahrung (dem lexikalischen Wissen) und der außersprachlichen (auf der allgemeinen Weltkenntnis beruhenden) Erfahrung (dem enzyklopädischen Wissen) oft keine scharfe Grenze ziehen.

S y n t a k t i s c h gesehen leisten die Artikelformen sowie die in Artikelfunktion auftretenden Pronomen (Demonstrativ-, Personal-, Interrogativpronomen usw.) nicht nur eine zusätzliche, sondern teilweise sogar eine notwendige Determinationshilfe. Denn wir müssen festhalten: Wenn das Prinzip der Wiederaufnahme auch nicht als absolut zwingende Bedingung für Textkohärenz gelten kann, so sind doch dort, wo es bei der Textproduktion zur Anwendung kommt, bestimmte grammatische Bedingungen bzw. Regeln einzuhalten, deren Nichtbeachtung das Verständnis des Textzusammenhangs erschweren und zu Mißverständnissen führen kann. Einige dieser Regeln haben wir in den letzten Abschnitten behandelt.

Zusammenfassend ergibt sich:

Das Prinzip der Wiederaufnahme in seinen verschiedenen Formen stellt nicht das einzige Mittel der Satzverknüpfung dar, das für die Textkohärenz relevant ist.[35] Grammatische Verknüpfungssignale können für das Textverstehen sogar weitgehend entbehrlich sein, wenn der Rezipient über ein ausreichendes thematisches und kontextuelles Hintergrundwissen verfügt. Das Kohärenzproblem ist somit nicht auf die grammatischen Verknüpfungsverfahren zu reduzieren. Die Herstellung von Textkohärenz ist letztlich ein kognitiver Prozeß. Diese Erkenntnis darf aber nicht dazu führen, daß die sprachlichen und kommunikativen Aspekte der Textkohärenz gänzlich aus dem Blickfeld geraten. Die alternative Gegenüberstellung „Coherence in text vs. Coherence in mind“, wie sie T. Givón formuliert hat[36], ist vielmehr in ein umfassendes integratives Konzept zu überführen, das grammatische, thematische, pragmatische und kognitive Aspekte der Textkohärenz sowohl voneinander abhebt als auch eng aufeinander bezieht. Es handelt sich dabei um eine zentrale Aufgabenstellung für die gegenwärtige wie künftige textlinguistische Forschung[37].

[35] Es zeigt sich, daß Harwegs Textbegriff (s. o.) entschieden zu eng ist. — Zu Harwegs Texttheorie vgl. meine Besprechung in Brinker 1971, S. 224 ff.; Harweg hat seine ursprüngliche Konzeption allerdings inzwischen weiterentwickelt (vgl. dazu Gülich/Raible 1977, S. 115 ff.).

[36] Als Titel seines Aufsatzes in Gernsbacher/Givón 1995, S. 59–115

[37] Vgl. dazu Brinker 1998

3.4. Thematische Bedingungen der Textkohärenz

3.4.1. Wiederaufnahmerelation und thematische Textstruktur

Im letzten Abschnitt ist deutlich geworden, daß die behandelten Prinzipien der syntaktisch-semantischen Textverknüpfung für sich genommen keine Kohärenz erzeugen, wenn sie auch das Textverstehen und damit die Herstellung von Kohärenz nicht unwesentlich unterstützen und steuern.[38]

Eine wichtige Aufgabe der grammatischen Verknüpfungsstruktur, insbesondere der Wiederaufnahmestruktur, besteht nun darin, daß sie als Trägerstruktur für die thematischen Zusammenhänge des Textes fungiert, d.h., sie verweist auf eine andere („tiefere") Schicht, die wir als „thematische Textstruktur" bezeichnen. Diese Beziehungen sollen im folgenden genauer dargestellt werden.

Wir wollen dazu die expliziten und impliziten Wiederaufnahmen innerhalb des folgenden Textausschnitts von B. Brecht („Herrn K.s Lieblingstier") betrachten.

(1) (1) Als Herr K. gefragt wurde, welches Tier er vor allen schätze, nannte er den Elefanten und begründete dies so: (2) Der Elefant vereint List mit Stärke. (3) Das ist nicht die kümmerliche List, die ausreicht, einer Nachstellung zu entgehen oder ein Essen zu ergattern, indem man nicht auffällt, sondern die List, welcher die Stärke für große Unternehmungen zur Verfügung steht. (4) Wo dieses Tier war, führt eine breite Spur. (5) Dennoch ist es gutmütig, es versteht Spaß. (6) Es ist ein guter Freund, wie es ein guter Feind ist. (7) Sehr groß und schwer, ist es doch auch sehr schnell. (8) Sein Rüssel führt einem enormen Körper auch die kleinsten Speisen zu, auch Nüsse. (9) Seine Ohren sind verstellbar: (10) Er hört nur, was ihm paßt. (11) Er wird auch sehr alt. (12) Er ist auch gesellig, und dies nicht nur zu Elefanten. (13) Überall ist er sowohl beliebt als auch gefürchtet. (14) Eine gewisse Komik macht es möglich, daß er sogar verehrt werden kann. (15) Er hat eine dicke Haut, darin zerbrechen die Messer; aber sein Gemüt ist zart. ...

(aus B. Brecht, Geschichten vom Herrn Keuner. Frankfurt 1971, S. 37 f.)

Die Analyse ergibt das folgende Bild[39]:

[38] Vgl. auch Koeppel 1993, S. 57 ff.

[39] Wir berücksichtigen dabei nicht die kataphorische Wiederaufnahme in Segment 1; die Proform *so* verweist auf die folgenden Aussagen, die die angekündigten Begründungen bieten.

Die substantivische Wortgruppe *den Elefanten* (1) wird explizit wiederaufgenommen durch

— *der Elefant* (2) = Wiederholung

— *dieses Tier* (4) = Wiederaufnahme durch übergeordneten Ausdruck, der selbst zum Bezugsausdruck für die Pro-Form *es* in den Segmenten 5, 6, 7 wird.

— *er* bzw. *ihm* (10, 11, 12, 13, 14, 15) = Wiederaufnahme durch eine Pro-Form

Die Relation der impliziten Wiederaufnahme liegt vor zwischen den Bezugsausdrücken *den Elefanten* (1) bzw. *dieses Tier* (4) und den wiederaufnehmenden Ausdrücken *sein Rüssel* (8), *seine Ohren* (9), *sein Gemüt* (15)[40]; es handelt sich jedesmal um ein ontologisch begründetes Kontiguitätsverhältnis.

Eine andere, nicht direkt auf den Ausdruck *der Elefant* bezogene Wiederaufnahmerelation besteht zwischen Segment (2) und (3), und zwar zwischen *List* (2) und *das* (3)[41] und zwischen *mit Stärke* (2) und *die Stärke* (3).

Zusammenfassend stellen wir fest, daß die Wortgruppe *der Elefant* in fast allen Sätzen des Textes wiederaufgenommen wird; sie repräsentiert somit den dominierenden Referenzträger des Textes.

Wenn wir diesen Befund auf das Kohärenzproblem beziehen, dann läßt sich sagen:

Die Bedeutung des Prinzips der Wiederaufnahme für die Kohärenz des Textes besteht im Grunde darin, daß sich in den verschiedenen Wiederaufnahmen des Textes die Einheitlichkeit des Textgegenstandes (hier: des Elefanten) sprachlich ausdrückt. Durch die „kommunikative Konzentration auf einen

[40] Es bleibt im Grunde offen, ob der Ausdruck *den Elefanten* oder *dieses Tier* als Bezugsausdruck intendiert ist. Beides ist möglich. Allerdings macht die Wahl des Personalpronomens *er* ab Segment 10 die Wortgruppe *den Elefanten* als Bezugsausdruck wahrscheinlich (für *sein Rüssel* und *seine Ohren*) bzw. eindeutig (für *sein Gemüt*).

[41] Zwischen den beiden Vorkommen des Substantivs *List* in Segment 3 und dem Substantiv *List* in Segment 2 liegt keine Relation der Wiederaufnahme im engeren Sinne vor; die beiden komplexen Ausdrücke *die kümmerliche List, die ... auffällt* und *die List, welcher ... zur Verfügung steht* geben vielmehr eine genauere Bestimmung des Ausdrucks *List* in Segment 2; sie spezifizieren diesen Ausdruck, und zwar zum einen in negativer, zum andern in positiver Richtung. Man könnte vielleicht von einer spezifizierenden Wiederaufnahme sprechen (vgl. auch Harweg 1968, S. 60 ff.).

einheitlichen Gegenstand"[42] erhält der Text die für die Kohärenzzuschreibung grundlegende thematische Orientierung.

U. L. Figge hat in diesem Zusammenhang die These aufgestellt, daß die relative Häufigkeit, mit der bestimmte Textgegenstände (Referenzträger) wiederaufgenommen werden, Hinweise auf die Haupt- und Nebengegenstände von Texten geben könne.[43]

Man darf diese nicht weiter explizierte Andeutung Figges allerdings nicht zu absolut und nicht zu mathematisch-statistisch verstehen. Wenn man aber Hauptgegenstände lediglich als die Referenzträger definiert, die mit einer gewissen Stetigkeit und Kontinuität wiederaufgenommen werden, so kann die Art und Weise, in der Haupt- und Nebengegenstände oder verschiedene Hauptgegenstände in einem Text miteinander kombiniert werden (sprachlich verkörpert in der jeweiligen Anordnung der verschiedenen Wiederaufnahmen), für die Analyse der thematischen Struktur zahlreicher Texte durchaus aufschlußreich sein.

So können z. B. Hauptgegenstände eines Textes nacheinander behandelt sein (Beispiel 2) oder auch nebeneinander angeordnet erscheinen (Beispiel 3).

(2) (1) **Hermeneutik**$_1$ bezieht sich auf ein „Vermögen", das wir in dem Maße erwerben, als wir eine natürliche Sprache „beherrschen" lernen: auf die Kunst, sprachlich kommunizierbaren Sinn zu verstehen und, im Falle gestörter Kommunikationen, verständlich zu machen. (2) Sinnverstehen richtet sich auf die semantischen Gehalte der Rede, aber auch auf die schriftlich fixierten oder in nichtsprachlichen Symbolsystemen enthaltenen Bedeutungen, soweit sie prinzipiell in Rede „eingeholt" werden können. (3) Wir sprechen nicht zufällig von *der Kunst des Verstehens und des Verständlichmachens*$_1$, weil das Interpretationsvermögen, über das jeder Sprecher verfügt, stilisiert, eben zu einer Kunstfertigkeit ausgebildet werden kann. (4) *Diese Kunst*$_1$ verhält sich symmetrisch zur **Kunst der Überzeugung und Überredung in Situationen**$_2$, in denen praktische Fragen zur Entscheidung gebracht werden. (5) Für *Rhetorik*$_2$ gilt das gleiche: auch *sie*$_2$ stützt sich auf ein Vermögen, das zur kommunikativen Kompetenz eines jeden Sprechers gehört, aber artifiziell zu einer besonderen Fertigkeit entwickelt werden kann. (6) *Rhetorik*$_2$ und *Hermeneutik*$_1$ sind als Kunstlehren entstanden, die ein natürliches Vermögen methodisch in Zucht nehmen und kultivieren. ...

(aus: J. Habermas, Der Universalitätsanspruch der Hermeneutik. In: Theorie-Diskussion: Hermeneutik und Ideologiekritik. Frankfurt 1971, S. 120, 1. Abschnitt)

[42] Figge 1971, S. 171
[43] Vgl. Figge 1971, S. 172; vgl. auch Brinker 1973, S. 18

Dieser Textausschnitt zeigt die Strukturierung nach dem Prinzip des Nacheinander. Die beiden Hauptgegenstände des Textes lauten „Hermeneutik" und „Rhetorik". In den Segmenten (1) bis (3) wird der Gegenstand „Hermeneutik" erläutert (als *ein Vermögen*, als *die Kunst, Sinn zu verstehen* und schließlich als *die Kunst des Verstehens und Verständlichmachens*); Segment (4) setzt dann die Hermeneutik mit dem zweiten Hauptgegenstand des Textes, der Rhetorik, in Beziehung; Segment (5) expliziert diesen neuen Textgegenstand, und in Segment (6) werden beide Textgegenstände durch die Konjunktion *und* verknüpft.

(3) Er fand **ein Zimmer**$_1$ in der Oststadt, **in einer kurzen, stumpfen Querstraße**$_2$, die nur auf einer Seite bebaut war. *Das Zimmer*$_1$ war ein schmaler Schlauch. *Die Straße*$_2$ war mit einer einzigen, inzwischen schwarzrot gewordenen Backsteinzeile besetzt ...

(aus: M. Walser, Ehen in Philippsburg. Roman. 1958, S. 14)

In diesem Textausschnitt werden die beiden Textgegenstände (Zimmer und Straße) bereits im ersten Segment eingeführt und in den folgenden Segmenten dann abwechselnd wiederaufgenommen. Wir können von einer Anordnung nach dem Prinzip des Nebeneinander sprechen.

Eine komplexere Strukturierung weist Text (19) auf (s.o. Abschnitt 3.3.1.3.). Die zentralen Textgegenstände sind zunächst die Richterin, der 18jährige Gymnasiast und das Urteil. Im zweiten Abschnitt tritt dann der Gegenstand „Urteil" zurück, und neue Textgegenstände werden eingeführt (die Familie und vor allem das Volljährigkeitsgesetz). Im Strukturschema ist diese Modifikation in den Wiederaufnahmeverhältnissen (ab Segment 5 bzw. 7) deutlich erkennbar; sie verweist auf eine Verschiebung in der thematischen Perspektive. In der Wiederaufnahmestruktur — so können wir verallgemeinernd sagen — drückt sich die thematische Progression des Textes aus. Es darf zwar zwischen Wiederaufnahmestruktur und thematischer Gliederung prinzipiell keine 1:1-Beziehung angenommen werden. Die angeführten Beispiele lassen aber erkennen, daß die Analyse der Wiederaufnahmeverhältnisse vielfach eine gute Voraussetzung für die Beschreibung der thematischen Textstruktur darstellt. Allerdings sind Analysen dieser Art bisher nicht systematisch durchgeführt worden. Sie dürften sich bei umfangreicheren Texten (wie Romanen) in dieser Form auch als zu aufwendig und zu differenziert erweisen. Um hier weiterzukommen, wollen wir unsere Überlegungen zur thematischen Struktur von Texten weiterführen, um von den Textgegenständen (als den einzelnen Referenzträgern) zum übergeordneten Begriff des Textthemas zu kommen.

3.4.2. Zum Thema-Rhema-Konzept der Prager Schule

Es gibt innerhalb der modernen Linguistik verschiedene Fassungen des Thema-Begriffs.[44]

In textanalytischer Hinsicht ist besonders die von V. Mathesius (1929) begründete Thema-Rhema-Gliederung der Prager Schule (auch „Funktionale Satzperspektive" genannt) bekannt geworden.[45] Nach dieser Konzeption läßt sich ein Satz von seinem „Mitteilungswert" her gesehen in zwei Teile gliedern, in das „Thema" als den „Ausgangspunkt der Aussage" und das „Rhema" als den „Kern der Aussage".

Dieser zunächst primär satzbezogene Ansatz wurde dann in den 60er Jahren von F. Daneš für die semantische Analyse der Textstruktur fruchtbar zu machen versucht.[46] Unter „Thema" versteht Daneš das, worüber etwas mitgeteilt wird; unter kontextuellem Aspekt handelt es sich dabei um die Information, die bekannt, vorgegeben, aufgrund der Situation erschließbar oder vom Rezipienten aufgrund seines Vorwissens bzw. seiner Weltkenntnis identifizierbar ist. Als „Rhema" bestimmt er das, was über das Thema mitgeteilt wird; das Rhema bezeichnet also — kontextuell gesehen — die neue, nicht vorher erwähnte und nicht aus dem Text- bzw. Situationszusammenhang ableitbare Information. Daneš gibt nun die satzbezogene Orientierung insofern auf, als er die Textstruktur als „eine Sequenz von Themen" darstellt. „Die eigentliche thematische Struktur des Textes besteht ... in der Verkettung und Konnexität der Themen, in ihren Wechselbeziehungen und ihrer Hierarchie, in den Beziehungen zu den Textabschnitten und zum Textganzen, sowie zur Situation."[47] Diesen ganzen Komplex von thematischen Relationen im Text nennt er die „thematische Progression"; sie stelle das „Gerüst des Textaufbaus" dar. Daneš unterscheidet fünf Typen von thematischen Progressionen:

— die einfache lineare Progression

Das Rhema (R) des ersten Satzes wird zum Thema (T) des zweiten Satzes usw.

Beispiel:

Hans (T_1) hat ein Fahrrad gekauft (R_1). Das Fahrrad ($T_2 = R_1$) steht im Keller (R_2). Im Keller ($T_3 = R_2$) ...

[44] Vgl. Lutz 1981; Lötscher 1987

[45] Vgl. dazu im einzelnen Gülich/Raible 1977, S. 60—89; Lutz 1981, Kap. 2

[46] Vgl. Daneš 1970, S. 72—78; dazu auch Eroms 1991

[47] Daneš 1970, S. 74

— die Progression mit einem durchlaufenden Thema

In einer Satzfolge bleibt das Thema konstant; in den einzelnen Sätzen wird jeweils nur ein neues Rhema hinzugefügt.

Beispiel:

Mein Fahrrad (T_1) ist neu (R_1). Es (T_1) ist ein Geschenk meines Vaters (R_2). Es (T_1) steht zur Zeit im Keller (R_3). ...

Dieser Typ ist besonders kennzeichnend für die thematische Struktur des Textes von Brecht (vgl. z. B. die Segmente 4—7 und 10—15).[48]

— die Progression mit abgeleiteten Themen

Die Themen der einzelnen Sätze werden von einem „Hyperthema“ abgeleitet.

Beispiel (aus dem Text von Brecht):

(8) Sein Rüssel (T_1) führt einem enormen Körper auch die kleinsten Speisen zu, auch Nüsse (R_1). (9) Seine Ohren (T_2) sind verstellbar (R_2). (15) ... sein Gemüt (T_3) ist zart (R3). Das Hyperthema von T_1, T_2 und T_3 ist „der Elefant“.

— die Progression eines gespaltenen Rhemas

Das Rhema eines Satzes wird in mehrere Themen zerlegt.

Beispiel:

In einem Hauseingang (T_1) stehen zwei Männer ($R_1 = R_{1'} + R_{1''}$). Der eine ($T_{2'} = R_{1'}$) raucht ($R_{2'}$); der andere ($T_{2''} = R_{1''}$) trinkt ($R_{2''}$).

— die Progression mit einem thematischen Sprung

Ein Glied der thematischen Kette, das aus dem Kontext leicht zu ergänzen ist, wird ausgelassen. Wir können diesen Typ an der nachstehenden Satzfolge verdeutlichen (Daneš selbst gibt kein Beispiel):

Hans (T_1) wurde in ein dunkles Zimmer (R_1) geführt. Es ($T_2 = R_1$) war mit wertvollen Möbeln (R_2) ausgestattet. Die Teppiche (T_4) zeigten leuchtende Farben (R_4).

Der Sprung von R_2 (Möbel) zu T_4 (Teppiche) ist ohne Störung der Kohärenz möglich, da das Thema „Teppiche“ aus „Zimmer“ zu erschließen ist.

Dieser Progressionstyp entspricht der in Abschnitt 3.3.1.2. behandelten Form der impliziten Wiederaufnahme.

[48] Vgl. dazu die Analyse dieses Textes nach dem Thema-Rhema-Konzept in Gülich/ Raible 1977, S. 80 ff.

Diese Typen werden in konkreten Texten zumeist nicht in reiner Form realisiert, sondern in vielfältiger Weise miteinander kombiniert; auch treten — wie Daneš andeutet — zahlreiche Sonderfälle und Abweichungen auf.

Problematisch ist bei diesem Ansatz bereits die Basis, nämlich die Abgrenzung von Thema und Rhema, da es an zureichenden Verfahren mangelt, sie intersubjektiv überprüfbar zu machen. Daneš nennt als „objektives Kriterium" für die Zuordnung der einzelnen Satzteile zu Thema und Rhema die „Ergänzungsfrage"; mit ihr werde nach dem Rhema der Aussage gefragt.[49]

Beispiel:

Er bekam das Buch von einem Kollegen. — Von wem bekam er das Buch? — Die Ergänzung *von einem Kollegen* bildet nach Daneš das Rhema, während der Rest der Aussage das Thema darstellt. Es sind aber auch andere Fragen möglich, z. B. *was bekam er von einem Kollegen?* Dann wäre *das Buch* das Rhema.

Es wird deutlich, daß das Kriterium der Ergänzungsfragen keinesfalls als eine befriedigende Lösung des Abgrenzungsproblems betrachtet werden kann. So kommen auch E. Gülich und W. Raible, die das Thema-Rhema-Konzept auf den Text „Herrn K.s Lieblingstier" anzuwenden versuchen, zu dem Ergebnis: „Das Fehlen eindeutiger und nachvollziehbarer Definitionskriterien läßt es häufig als schwierig erscheinen, die Thema-Rhema-Strukturierung auszumachen."[50] Entscheidender als diese Kritik ist in unserem Zusammenhang aber der in sprachtheoretischer Hinsicht unklare Status des Thema-Begriffs; es werden semantische und kommunikativ-pragmatische Gesichtspunkte miteinander vermischt (Thema als Basis der Aussage vs. Thema als bekannte Information). Auch ist die Strukturbeschreibung zu sehr der Textoberfläche verhaftet; die Analyse der Thema-Rhema-Gliederung eines Textes führt kaum über das hinaus, was nicht auch durch eine Beschreibung nach dem Prinzip der Wiederaufnahme erfaßt wird. Die Konzeption erscheint als nicht geeignet, die Textstruktur als ein Gefüge von logisch-semantischen Relationen zwischen den Propositionen darzustellen. Diese zentrale Aufgabe der thematischen Textanalyse macht einen anderen Thema-Begriff erforderlich.

[49] Daneš 1970, S. 73 f.

[50] Gülich/Raible 1977, S. 83

3.4.3. Das Makro- und Superstrukturkonzept von T. A. van Dijk

Ein anderer Thema-Begriff ist kennzeichnend für verschiedene texttheoretische Forschungsansätze, die sich in irgendeiner Form an der Generativen Transformationsgrammatik mit ihrer Unterscheidung von Oberflächen- und Tiefenstruktur orientieren.[51] In dieser Richtung am explizitesten entfaltet ist wohl das von T. A. van Dijk im Rahmen der Erzähltextanalyse entwickelte Konzept der „Makrostruktur" von Texten.[52]

Wir wollen auf diesen Ansatz kurz eingehen, ihn aber nur insoweit behandeln, als er für unsere weiteren Überlegungen zum Thema-Begriff von Bedeutung ist.

Die semantische Texttiefenstruktur oder Makrostruktur repräsentiert nach van Dijk die „globale Bedeutung" des Textes. Sie wird durch Verfahren der paraphrasierenden Reduktion gewonnen: Aus den Propositionen des konkreten Textes, des Oberflächentextes, leitet van Dijk sog. Makropropositionen ab, indem er eine Reihe von Operationen anwendet, die er Makroregeln nennt.[53]

Es handelt sich dabei um:

— Auslassen

> „Alle Propositionen, von denen der Sprachgebraucher annimmt, daß sie für das Interpretieren der folgenden Proposition nicht länger ... relevant sind, werden ausgelassen."

— Verallgemeinern

> „Jede Propositionssequenz, in der Konzepte vorkommen, die von einem gemeinsamen Superkonzept erfaßt werden, wird durch eine Proposition mit diesem Superkonzept ersetzt."

— Konstruieren

> „Jede Propositionssequenz, die normale Voraussetzungen, Komponenten, Folgen, Eigenschaften u. ä. eines globaleren Sachverhalts bezeichnet, wird durch eine Proposition ersetzt, die diesen globalen Sachverhalt bezeichnet."

[51] Vgl. etwa Dressler 1973; van Dijk 1972, 1977, 1980, 1980a; Agricola 1977, 1979 u. a.

[52] Wir legen im wesentlichen van Dijk 1980 zugrunde. — Zum Ansatz van Dijks vgl. auch Brinker 1973, S. 20 f. und Gülich/Raible 1977, S. 250—280

[53] Vgl. van Dijk 1980, S. 45 ff.; die folgenden Zitate ebd., S. 183 f.

Das Ergebnis der Regelanwendung ist eine Textzusammenfassung, ein Resümee, das als direkte Verbalisierung der Makrostruktur aufgefaßt wird. Van Dijk konzediert, daß die Regeln — in Abhängigkeit vom Kontext, vom Rezipienten und dessen kognitiver Einstellung — unterschiedlich angewandt werden können und demzufolge auch unterschiedliche Zusammenfassungen ein und desselben Textes möglich sind.[54]

Das Textthema ist nach van Dijk nun nichts anderes als „eine Makroproposition auf einem bestimmten Abstraktionsniveau"; es muß im Text nicht explizit genannt werden. Wenn das doch der Fall ist, wird vom „Themawort" (Schlüsselwort) oder „Themasatz" gesprochen.[55]

Van Dijk beansprucht für seine Konzeption der Makrostruktur, daß sie kognitive Realität besitze; durch empirische Argumente und eigene Experimente psychologischer Art, auf die wir hier nicht im einzelnen eingehen können, versucht er zu erweisen, daß die Makrostruktur und ihr Aufbau (durch die Anwendung der Makroregeln) in einem psychologischen Prozeß-Modell des Textverstehens eine wesentliche Rolle spielen.[56]

Van Dijks Ansatz ist von verschiedenen Seiten kritisiert worden.[57] Die Kritik betrifft einmal Form und Ableitung der Makrostruktur selbst, zum andern das Problem, wie aus der semantischen Tiefenstruktur durch textuelle Operationen (Transformationen) die Oberflächenstruktur der Texte generiert werden kann, schließlich die Frage, wie die Anwendung der Makroregeln im einzelnen zu erfolgen hat, um zur Makrostruktur des betreffenden Textes zu gelangen; umstritten ist auch van Dijks Postulat von der kognitiven Relevanz seines Konzepts.

In seinen neueren Arbeiten nimmt van Dijk außer den Makrostrukturen noch sog. Superstrukturen an. Unter einer Superstruktur versteht er „eine Art abstraktes Schema, das die globale Ordnung eines Textes festlegt und das aus einer Reihe von Kategorien besteht, deren Kombinationsmöglichkeiten auf konventionellen Regeln beruhen."[58] Die Superstrukturen werden als „elementare Basisstrukturen" aufgefaßt, die durch „Bildungsregeln" erzeugt und

[54] Vgl. van Dijk 1980, S. 49 f.
[55] Vgl. van Dijk 1980, S. 50
[56] Vgl. van Dijk 1980, S. 183 ff.; dazu auch Brinker 1973, S. 20; Gülich/Raible 1977, S. 270 ff. — Die Experimente von van Dijk betreffen primär das Erinnern und Resümieren von Erzähltexten.
[57] Z. B. von Gülich/Raible 1977, S. 272 ff.; Quasthoff 1980, S. 39 ff.
[58] Van Dijk 1980, S. 131

durch „Transformationsregeln" modifiziert werden. Van Dijk stellt sie — in Anlehnung an die Strukturbäume („phrasemarkers") der generativen Grammatik — als hierarchisch geordnete kategoriale Baumdiagramme dar[59], wobei kritisch anzumerken ist, daß diese Präsentation wohl eine zu feste Ordnung der Kategorien impliziert.

Allerdings wird der generative Bezugsrahmen nur angedeutet, nicht aber weiter entfaltet. Angesichts des minimalen Standes der theoretischen und empirischen Durchdringung dieses Bereichs beschränkt sich van Dijk auf einige „Anmerkungen zu vorausgesetzten Merkmalen" solcher Superstrukturen.[60] So wird der Status der Superstruktur innerhalb seines Gesamtmodells auch nicht recht deutlich. Das betrifft vor allem den Ableitungszusammenhang zwischen Super- und Makrostrukturen. Van Dijk bemerkt dazu lediglich, daß die Superstruktur „eine Art Textform" bilde, „deren Gegenstand, Thema, d. h.: Makrostruktur, der Textinhalt" sei.[61] In kognitiver Hinsicht, d. h. unter dem Aspekt der Text- und Informationsverarbeitung, werden die Superstrukturen als Produktions- und Interpretationsschemata für Texte betrachtet.[62]

Van Dijk beschreibt zwei Superstrukturen genauer, die Erzählung und die Argumentation[63]; es handelt sich dabei um Strukturen, zu denen bereits eine Reihe von Beschreibungsansätzen vorliegen. Wir werden darauf noch zurückkommen (s. u. Abschnitt 3.5.).

Die den Arbeiten von van Dijk (aber auch von Agricola, Dressler u. a.) zugrunde liegende Hypothese von der Existenz einer semantisch-thematischen Textbasis erscheint als durchaus plausibel; sie entspricht — wie wir im nächsten Abschnitt noch zeigen werden — unserem alltagssprachlichen Thema-Konzept und läßt sich durch folgende Erfahrungen und Beobachtungen stützen[64]:

[59] Vgl. van Dijk 1980, S. 131 ff.
[60] Van Dijk 1980, S. 129
[61] Van Dijk 1980, S. 128
[62] Vgl. van Dijk 1980, S. 186 f.
[63] Vgl. van Dijk 1980, S. 140 ff.; die außerdem noch beschriebene Superstruktur der wissenschaftlichen Abhandlung wird als eine besondere Variante der argumentativen Superstruktur behandelt.
[64] Vgl. auch Dressler 1973, S. 17 ff.; van Dijk 1972a, S. 206; Brinker 1973, S. 20

— Bei der Textproduktion steht uns in der Regel nicht der gesamte Textinhalt vor Augen, sondern zumeist nur das bzw. die Themen, über die wir sprechen oder schreiben wollen.

— Wir können Texte in einer Kurzfassung, ja sogar in einem Titel oder einer Überschrift zusammenfassen.

— Wir können über ein und dasselbe Thema verschiedene Texte verfassen.

— Wir stellen fest, daß ein Roman, ein Drama, ein Film usw. das gleiche Thema behandeln.

— Wir sagen, daß jemand das Thema verfehlt hat, was etwa bedeutet, daß er ein gegebenes Thema nicht regelgerecht entfaltet hat.

Das in den folgenden Abschnitten dargestellte Konzept der Themenentfaltung geht auch von der Annahme aus, daß Texte einen thematischen Kern, ein Thema haben, das nach bestimmten (letztlich wohl kommunikativ gesteuerten) Prinzipien zum Gesamtinhalt des Textes entfaltet wird. Im Unterschied zu van Dijks Modell der Makro- und Superstrukturen erhebt es aber nicht den Anspruch, ein Textmodell im generativen Sinn zu sein; es ist auch nicht mit weitergehenden Hypothesen im Hinblick auf die kognitiven Prozesse der Text- und Informationsverarbeitung verbunden. Die Begriffe „Textthema" und „Form der thematischen Entfaltung" werden zunächst nur als Analysekategorien betrachtet, mit deren Hilfe wir die thematische Struktur gegebener Texte transparent zu machen versuchen; dadurch wird unser jeweiliges Textverständnis — zumindest bis zu einem gewissen Grade — auch intersubjektiv nachprüfbar.

3.4.4. Textthema und Entfaltung des Themas

3.4.4.1. Thema als Kern des Textinhalts

In der Alltagssprache versteht man unter einem Thema den „Gegenstand" eines Textes, eines Gesprächs, einer bildlichen Darstellung u. ä. (vgl. etwa *das Thema eines Vortrags, ein Thema behandeln* usw.). Allerdings bezieht sich das Wort „Thema" nicht nur auf den kommunikativen Hauptgegenstand eines Textes (den dominierenden Referenzträger), wie er sich sprachlich in den nominalen oder pronominalen Wiederaufnahmen manifestiert, sondern das Alltagskonzept „Thema" umfaßt vielfach auch das, was im Text „in nuce" über diesen zentralen Gegenstand ausgesagt wird, d. h. den Grund- oder Leitgedanken eines Textes (vgl. etwa die Wendungen *über ein Thema diskutieren, das Thema verfehlen, vom Thema abkommen*).

Ausgehend von diesem alltagssprachlichen Gebrauch des Wortes definieren wir „Thema“ als Kern des Textinhalts, wobei der Terminus „Textinhalt“ den auf einen oder mehrere Gegenstände (d. h. Personen, Sachverhalte, Ereignisse, Handlungen, Vorstellungen usw.) bezogenen Gedankengang eines Textes bezeichnet.[65] Das Textthema (als Inhaltskern) ist entweder in einem bestimmten Textsegment (etwa in der Überschrift oder einem bestimmten Satz) realisiert, oder wir müssen es aus dem Textinhalt abstrahieren, und zwar durch das Verfahren der zusammenfassenden (verkürzenden) Paraphrase. Das Textthema stellt dann die größtmögliche Kurzfassung des Textinhalts dar. Man könnte nun die Textreduktion auf van Dijks Makrooperationen basieren; doch bringt ihre Anwendung — wie E. Gülich und W. Raible an einem Textbeispiel gezeigt haben[66] — so viele Unklarheiten mit sich, daß wir auf diese Regeln nicht zurückgreifen wollen. Man muß sich überhaupt darüber im klaren sein, daß die textanalytische Bestimmung des Themas primär auf interpretativen Verfahren beruht; es kann hier keine „mechanische“ Prozedur geben, die nach endlich vielen Schritten automatisch zur „richtigen“ Themenformulierung führt.[67] Die Bestimmung des Themas ist vielmehr abhängig von dem Gesamtverständnis, das der jeweilige Leser von dem Text gewinnt. Dieses Gesamtverständnis ist entscheidend durch die beim Emitten-

[65] Mit dieser Thema-Definition knüpfe ich an mein Verfahren zur Beschreibung der Informationsstruktur von Texten an, das bereits 1971 zur Diskussion gestellt wurde (Brinker 1971, S. 233 f.). Die damals verwendeten Bezeichnungen „Informationsstruktur“ und „Grundinformation“ entsprechen begrifflich den Termini „thematische Struktur“ und „Textthema“. — Zu den Begriffen „Thema“ und „Themenentfaltung“ vgl. auch Brinker 1979, S. 9 ff.

[66] Vgl. Gülich/Raible 1977, S. 274 f.

[67] Von daher ergeben sich grundsätzliche Bedenken gegen den Versuch Agricolas (1979), ein Modell zur Analyse des Textinhalts zu konstruieren, das es ermöglichen soll, „in objektiven Schritten von der Oberflächenstruktur“ eines Textes zu dessen thematischem Kern („Informationskern“) zu gelangen (vgl. ebd., S. 8, S. 34 — Hervorhebung von mir). Agricola geht es bei seinem Analysemodell primär darum, komplexe Texte für die Bedürfnisse der maschinellen Informationsverarbeitung mit Hilfe eines bestimmten operationalen Instrumentariums auf das Wesentliche, das „Relevante“ — wie er es nennt — zu reduzieren (als ob das objektiv, d. h. unabhängig von der jeweiligen Rezeptionssituation, sozusagen am „Text an sich“ festzumachen wäre!). „Thema und Text stehen ... zueinander im Verhältnis von semantischer Konzentration zu Diffusion, von Relevantem zu Relevantem plus Fakultativ-Variabel-Redundantem“ (S. 32). Der stufenweisen Entfaltung des Themas bei der Textproduktion

ten vermutete Intention bestimmt, d. h. durch die kommunikative Absicht, die der Sprecher/Schreiber mit seinem Text *nach der Meinung des Rezipienten* verfolgt (vgl. dazu u. Abschnitt 4.3.).

Wenn somit auch prinzipiell keine detaillierten (formalen) Operationen angegeben werden können, deren korrekte Anwendung eine adäquate Themenbestimmung garantiert, so lassen sich doch einige Prinzipien formulieren, an denen sich die Themenanalyse orientieren kann.[68]

Es handelt sich dabei zunächst um das Wiederaufnahmeprinzip, das besagt, daß wir bei der textanalytischen Bestimmung des Themas von den zentralen Textgegenständen ausgehen können, wie sie unter grammatischer Blickrichtung in den verschiedenen Formen der Wiederaufnahme zum Ausdruck kommen.

Nun enthält ein Text in der Regel mehrere Themen, die allerdings jeweils eine unterschiedliche thematische Relevanz besitzen, so daß eine Rangordnung von Themen, eine Art Themenhierarchie entsteht.

Um zwischen dem Hauptthema und den Nebenthemen differenzieren zu können, stellen wir zwei weitere Prinzipien auf:

— das Ableitbarkeitsprinzip

  Es besagt, daß wir als Hauptthema des Textes das Thema betrachten, aus dem sich die anderen Themen des Textes am überzeugendsten (für unser Textverständnis) „ableiten" lassen.

— das Kompatibilitätsprinzip

  Dieses Prinzip beruht auf der Voraussetzung, daß sich Thema und kommunikative Funktion des Textes bis zu einem gewissen Grade gegenseitig bedingen (in etwa vergleichbar mit dem Verhältnis von illokutivem und propositionalem Akt in der Sprechakttheorie). Als Hauptthema des Textes ist dann das Thema zu betrachten, das sich am besten mit der aufgrund einer textpragmatischen Analyse ermittelten Textfunktion verträgt (vgl. dazu u. Kap. 4).

entspreche ein analoger Vorgang der Erschließung des Themas aus dem Text in umgekehrter Richtung bei der Textrezeption. Agricola entwickelt einen komplizierten formalen Apparat zur modellhaften Beschreibung dieser Prozesse. Wir können darauf in unserem Zusammenhang nicht weiter eingehen.

[68] Vgl. Brinker 1980a, S. 139 f.

Diese noch recht vorläufigen Bestimmungen sollen nun an zwei Textbeispielen verdeutlicht und in textanalytischer Hinsicht präzisiert werden.

(1) Zimmer ausgebrannt

Aachen. — (1) Gegen 15 Uhr wurde gestern die Aachener Berufsfeuerwehr alarmiert. (2) Sie rückte in die Thomashofstraße aus, wo es in einer Wohnung brannte. (3) Die Feuerwehrleute löschten mit drei C-Rohren. (4) Oberbrandrat Starke war ebenfalls am Einsatzort. (5) Zwei Zimmer brannten vollkommen aus. (6) Drei weitere wurden in Mitleidenschaft gezogen. (7) Die Ursache des Brandes ist noch nicht bekannt. (8) Die Kripo hat sich inzwischen eingeschaltet. (9) Die Feuerwehrleute mußten aus einem oberen Geschoß ein Kleinkind retten. (10) Während des Brandes befand sich niemand in der heimgesuchten Wohnung.

(aus: Aachener Nachrichten vom 17. 2. 1973)

Der Text stellt — kommunikativ-pragmatisch gesehen — eine komplexe Informationshandlung dar, indem der Emittent versucht, dem Rezipienten einen bestimmten Sachverhalt zur Kenntnis zu bringen, konkreter: den Rezipienten über ein bestimmtes (negatives) Ereignis (aus der unmittelbaren Vergangenheit) zu informieren (vgl. dazu u. Kap. 4.4.2.).

Es gilt nun, das Textthema zu bestimmen.

Von der Häufigkeit der Wiederaufnahmen her gesehen, bezeichnen die Lexeme *Feuerwehr* (B 1) und *Wohnung* (B 2) die zentralen Textgegenstände.

Im einzelnen erhalten wir:

B 1: die Aachener Berufsfeuerwehr (1) — sie (2) —
die Feuerwehrleute (3) — Oberbrandrat Starke (4) —
die Feuerwehrleute (9)

B 2: In einer Wohnung (2) — zwei Zimmer (5) — drei weitere (6) — in der heimgesuchten Wohnung (10)

Aufgrund dieser Wiederaufnahmen ergibt sich eine Dreiteilung des Textes:

Teil 1: dominierender Referenzträger = Feuerwehr (*Feuerwehrleute/Oberbrandrat* = implizite Wiederaufnahmen, kulturell begründetes Kontiguitätsverhältnis)

Dieser Teil umfaßt die Segmente 1—4 und 9.

Teil 2: dominierender Referenzträger = Wohnung (*Zimmer* = implizite Wiederaufnahme, kulturell begründete Kontiguität)

Dieser Teil umfaßt Segment 2, 5, 6 und 10.

Teil 3: die Segmente 7 und 8

Segment 7 ist nur über das Lexem *Brand* mit den anderen Segmenten verbunden (z. B. 2, 4, 5). Die Verbindung zwischen den Segmenten 7 und 8 ist implizit; sie wird durch unsere Weltkenntnis hergestellt (die etwa durch den Satz umschrieben werden kann: Es gehört zur Aufgabe der Kripo, Brandursachen zu untersuchen).

Bei dieser Analyse ist prinzipiell zu beachten, daß die thematische Gliederung sich in der Wiederaufnahmestruktur nur bis zu einem gewissen Grade, nicht aber vollständig (im Sinne einer 1:1-Beziehung) ausdrückt. Die thematische Analyse geht vielmehr von einem Gesamtverständnis des Textes aus und berücksichtigt — der oben gegebenen Thema-Definition entsprechend — nicht nur die dominierenden Referenzträger der einzelnen Textpassagen, sondern auch das, was im Text über sie ausgesagt wird. Es bieten sich dann die beiden Konzepte „Wohnungsbrand" und „Feuerwehreinsatz" als (Haupt-) Themen des Textes an. Beide Themen sind mit der Textfunktion („über ein Ereignis X informieren") und der entsprechenden Textsorte „(Zeitungs-) Nachricht" kompatibel. Die Propositionen des Textes lassen sich allerdings nur dem Thema „Wohnungsbrand" vollständig subsumieren (das Thema „Feuerwehreinsatz" deckt demgegenüber nur die Propositionen der Segmente 1—4 und ggf. noch 9 ab). Wir werden auf diesen „Ableitungszusammenhang" im nächsten Abschnitt genauer eingehen.

Die textanalytische Bestimmung des Themas ist eng mit dem Problem der Themenformulierung verbunden. Es stellt sich die Frage, wie weit reduziert werden soll, welche Angaben also in die Formulierung des Themas aufzunehmen sind.[69]

Wir wollen den Rahmen auch hier durch die kommunikativ-pragmatische Analyse festlegen, d. h. die Themenformulierung textsortenspezifisch vornehmen.

Für den vorliegenden Text ergibt sich dann, daß die räumlichen und zeitlichen Angaben bei der Formulierung des Themas berücksichtigt werden; denn der Text gibt nicht eine allgemeine Information zum Thema „Wohnungsbrand" (etwa eine Aufklärung seitens einer Versicherung), sondern behandelt das Thema „Wohnungsbrand" (dem Texttyp „Nachricht" entsprechend) als ein bestimmtes, räumlich und zeitlich fixiertes Ereignis. Ob das Thema nun in nominaler Fassung („Der Wohnungsbrand am 16. 2. 73 gegen 15 Uhr in der Thomashofstraße in Aachen") oder in Form des sog. Aussagesatzes wiedergegeben wird (etwa: „Am 16. 2. 73 ereignete sich gegen 15 Uhr ein Wohnungsbrand in der Thomashofstraße in Aachen"), erscheint zumindest in diesem Fall irrelevant.

[69] Dieses Problem wird auch kurz bei Dressler 1973, S. 19, angesprochen.

Wir kommen zum nächsten Textbeispiel; der sprachliche Teil lautet:

(2) Pflegen und pflegen lassen

(1) Lassen Sie sich pflegen und pflegen Sie zurück. (2) Das macht nicht nur Spaß, es ist auch gut für die Haut.

(3) Für die Hautpflege am ganzen Körper gibt es nichts Besseres als Nivea milk. (4) Denn sie enthält alles, was die Haut braucht, um glatt, geschmeidig und jung zu bleiben.

(5) Nivea milk hat einen dezenten, angenehm frischen Duft. (6) Sie läßt sich leicht verteilen: sanftes Streicheln genügt. (7) Und sie zieht schnell ein, ohne Fettglanz zu hinterlassen.

(8) Machen Sie den nächsten Badetag zum Pflegetag. (9) Baden Sie sich und Ihre Familie nicht nur mit Wasser und Seife. (10) Sondern pflegen Sie sich anschließend auch mit Nivea milk.

(aus: Für Sie, Juni 1972)

In kommunikativ-pragmatischer Hinsicht stellt der Text eine komplexe Aufforderungshandlung (genauer: eine Empfehlungshandlung) dar (vgl. dazu u. Kap. 4.4.3.). Der Text verfährt zumindest im Ansatz argumentierend (vgl. dazu u. Abschnitt 3.5.3.); es finden sich Formen der Begründung. Bei argumentativ verfahrenden Texten wird das Thema am besten durch die leitende These des Verfassers repräsentiert (in Form des sog. Aussagesatzes, der einen Referenz- und einen Prädikationsteil enthält).

Die textthematische Analyse führt zu zwei Thesen (Themen), die ziemlich direkt im Text realisiert sind (vgl. dazu auch u. Abschnitt 3.4.4.2.):

1. Für die Hautpflege gibt es nichts Besseres als Nivea milk.

2. Hautpflege mit Nivea milk macht Spaß.

Die beiden Themen sind kopulativ miteinander verbunden (Konjunktionen *und, nicht nur — auch*); sie werden im Kern bereits durch den Slogan und eine darunter abgebildete Flasche mit der Aufschrift *Nivea milk* repräsentiert (explizit: Der Emittent empfiehlt dem Rezipienten, mit Nivea milk zu pflegen und sich mit Nivea milk pflegen zu lassen). Thematischer Schlüsselbegriff ist der Begriff der Pflege, der in verschiedenen sprachlichen Formen und Fügungen auftaucht.

Während in Textbeispiel (1) zwischen Haupt- und Nebenthema aufgrund des Ableitbarkeitsprinzips unterschieden werden konnte, ist für Text (2) das Kompatibilitätsprinzip heranzuziehen (beide Themen stehen ja — logisch-semantisch gesehen — nebeneinander). Es ergibt sich dann, daß Thema (1) „Für die Hautpflege gibt es nichts Besseres als Nivea milk“ als Hauptthema, Thema (2) „Hautpflege mit Nivea milk macht Spaß" aber als Nebenthema zu betrachten ist, denn Thema (1) steht mit der Kaufaufforderung bzw. Kaufempfehlung in einem unmittelbareren Begründungszusammenhang als Thema (2). Wir können dieses Textverständnis so umschreiben: „Nehmen Sie Nivea milk, denn für die Hautpflege gibt es nichts Besseres als Nivea milk. Außerdem macht Hautpflege mit Nivea milk Spaß."

Unter textpragmatischer Perspektive (insbesondere unter dem Aspekt der erwarteten Textwirkung) ist in dem Nebenthema allerdings die Pointe des Textes zu sehen, von der sich der Emittent eine besondere Werbewirksamkeit verspricht. Darauf weist ein ganzseitiges Bild hin, das „Pflegen und pflegen lassen" bzw. „Pflegen und zurückpflegen" als spaßbereitendes familiäres Gesellschaftsspiel darstellt.

3.4.4.2. Zum Begriff der thematischen Entfaltung

Mit dem im letzten Abschnitt behandelten Ableitbarkeitsprinzip ist bereits der zweite Grundbegriff der textthematischen Analyse angedeutet, der Begriff der thematischen Entfaltung, der die gedankliche Ausführung des Themas meint. Da die Themenentfaltung wesentlich durch kommunikative und situative Faktoren (wie Kommunikationsintention und Kommunikationszweck, Art der Partnerbeziehung, der Partnereinschätzung usw.) gesteuert wird, sind grundsätzlich verschiedene Möglichkeiten der Entfaltung eines Themas gegeben. Über diese Zusammenhänge ist aber noch wenig bekannt.

Die Entfaltung des Themas zum Gesamtinhalt des Textes kann als Verknüpfung bzw. Kombination relationaler, logisch-semantisch definierter Kategorien beschrieben werden, welche die internen Beziehungen der in den einzelnen Textteilen (Überschrift, Abschnitten, Sätzen usw.) ausgedrückten Teilinhalte bzw. Teilthemen zum thematischen Kern des Textes (dem Textthema) angeben (z. B. Spezifizierung, Begründung usw.).[70]

Die Analyse der thematischen Entfaltung eines Textes kann somit in zwei Schritten erfolgen:

In einem ersten Schritt versuchen wir, den inhaltlichen Beitrag, den die einzelnen Propositionen bzw. propositionalen Komplexe zum gesamten Textinhalt leisten, zu ermitteln und möglichst knapp zu formulieren (in Form einer substantivischen Wortgruppe oder eines sog. Aussagesatzes). Der zweite

[70] Vgl. Brinker 1971, S. 233 f. (mit exemplarischer Analyse); Brinker 1979, S. 10 f.

Schritt besteht dann darin, die logisch-semantischen Relationen der im ersten Schritt gewonnenen Teilinhalte bzw. Teilthemen zum Textthema zu bestimmen und kategorial zu bezeichnen.

Wir wollen die getroffenen begrifflichen und methodischen Bestimmungen nun an den beiden Textbeispielen des letzten Abschnitts verdeutlichen.[71]

Das Textthema der Zeitungsnachricht (Beispiel 1) wird unter drei sachbezogenen Aspekten entfaltet, die als thematische Komponenten oder Teilthemen des Konzepts „Wohnungsbrand“ aufgefaßt werden können:

1) Bekämpfung des Brandes durch die Feuerwehr (die Segmente 1—4, die aufgrund des „durchlaufenden“ Referenzträgers „Feuerwehr“ als Realisierung eines propositionalen Komplexes zu betrachten sind; in Segment 1 und 2 wird das Thema außerdem zeitlich und räumlich fixiert).

2) Folgen des Brandes (Schadensfeststellung, differenziert nach Sach- und Personenschaden: Segment 5/6 und 9/10; entscheidend für die Zuordnung der in Segment 9 ausgedrückten Proposition zu Teilthema 2 ist der Prädikationsteil). Auf Teilthema 2 bezieht sich auch die Überschrift *Zimmer ausgebrannt*.

3) Ursachen des Brandes (Segment 7/8)

Die allgemeine Kategorie der Verknüpfung von Hauptthema und Teilthemen ist — vereinfacht gesprochen — die der Spezifizierung.

Die Anordnung der Teilthemen scheint nur zum Teil fest zu sein. Während das erste Teilthema wohl am Anfang des Textes stehen muß, ist die Reihenfolge der beiden anderen Themen relativ beliebig.

Es fällt auf, daß das zweite Teilthema nicht zusammenhängend behandelt, sondern durch die Darstellung von Teilthema 3 unterbrochen wird. Dadurch entsteht der Eindruck, daß die Teilthemen 2. Ordnung („Folgen für die Sachen“ — „Folgen für die Personen“) auf der ersten Stufe der Themenhierarchie angeordnet und damit den beiden Teilthemen 1 und 3 gleichgestellt sind — was aber der logischen Ordnung widerspricht.

[71] Zur Analyse der Zeitungsnachricht vgl. Brinker 1980a, S. 140 f.

Schematisch zusammengefaßt ergibt sich:

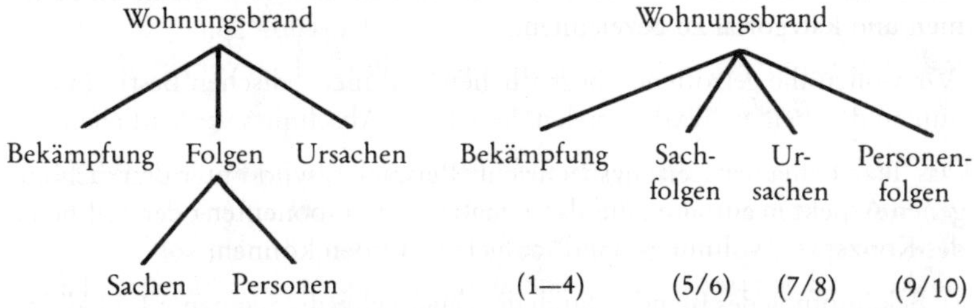

(„logische Struktur“) (realisierte thematische Struktur)

Die im Wissen rekonstruierbare „logische“ Struktur entspricht somit nicht der thematischen Struktur des Textes, die sich unter dem Aspekt der Anordnung der Teilthemen ergibt. Diese Differenz, die durch die diskontinuierliche Darstellung des zweiten Teilthemas entsteht, ist wohl auch der Grund dafür, daß zahlreiche Informanten den letzten Teil des Textes als ungeordnet, als etwas unzusammenhängend empfinden.

Ob der Text ein allgemeines thematisches Schema für Nachrichtentexte realisiert, die ein vergangenes negatives Ereignis zum Thema haben (etwa in dem Sinne: Gegenmaßnahmen — Folgen — Ursachen) müßte an größerem Textmaterial geprüft werden.

Wir wollen noch kurz auf die Themenentfaltung in der Werbeanzeige (Beispiel 2) eingehen.

Das Hauptthema, repräsentiert durch die These „Für die Hautpflege gibt es nichts Besseres als Nivea milk“, wird in den Propositionen der Segmente 4—7 begründet. Die Art der Begründung ist völlig an der Erwartungshaltung orientiert, die der Emittent beim Rezipienten voraussetzt: Es werden klischeehaft Eigenschaften und Wirkungen benannt, die man sich allgemein von einem Produkt dieser Art erhofft (Angaben über die chemische Zusammensetzung des Produkts finden sich nicht).

Das zweite Thema („Hautpflege mit Nivea milk macht Spaß“) wird lediglich verdeutlicht (expliziert), sprachlich etwa durch die Wortgruppe *sanftes Streicheln* oder durch die Gegenüberstellung von *Badetag* und *Pflegetag*, vor allem aber nicht-sprachlich durch das bereits erwähnte ganzseitige Bild.

Die beiden Themen erscheinen zwar — wie bereits ausgeführt wurde — als einander nebengeordnete, logisch nicht miteinander verbundene Themen. In

Segment 6 wird aber zumindest eine lockere Voraussetzungsbeziehung zwischen beiden Themen hergestellt, indem der Emittent implizit andeutet, daß die flüssige Konsistenz des Produkts das unterhaltsame Spiel des „Pflegens" und „Zurückpflegens" überhaupt erst möglich macht (explizit: *Sie läßt sich leicht verteilen. Deshalb genügt sanftes Streicheln*).

Die Analysen zeigen, daß den beiden Texten nicht nur verschiedene Themen zugrunde liegen, sondern daß die Themen auch recht unterschiedlich entfaltet werden. Das wird besonders deutlich, wenn wir von den konkreten Textinhalten und den sie konstituierenden Propositionen abstrahieren und die logisch-semantischen Kategorien ins Auge fassen, die für die Themenentfaltung jeweils grundlegend sind (etwa Spezifizierung auf der einen, Begründung und Explikation auf der anderen Seite). Die Texte repräsentieren offensichtlich verschiedene Entfaltungsmöglichkeiten.

Es haben sich nun in der Sprachgemeinschaft eine Reihe von Grundformen thematischer Entfaltung herausgebildet, von denen wohl die deskriptive (beschreibende), die narrative (erzählende), die explikative (erklärende) und die argumentative (begründende) Entfaltung eines Themas zum Textinhalt die wichtigsten sind. Für diese Formen, die zum Alltagswissen der Sprachteilhaber gehören, sind jeweils bestimmte semantisch-thematische Kategorien bzw. Verbindungen von Kategorien (im oben umschriebenen Sinn) charakteristisch.

Die Grundformen, die in den konkreten Texten in vielfältigen Ausprägungen und Kombinationen erscheinen können, bestimmen die thematische Struktur der Texte. Je nachdem, welche Grundform dominiert, sprechen wir von einer primär deskriptiven, narrativen, explikativen oder argumentativen Textstruktur.

Wir wollen im folgenden Abschnitt die Grundformen genauer beschreiben, die für die thematische Struktur der sog. Gebrauchstexte[72] besonders relevant sind, also die deskriptive, die explikative und die argumentative Themenentfaltung.[73]

[72] Zur Definition von „Gebrauchstext" vgl. o. Kap. 2, Anm. 21

[73] Die narrative Themenentfaltung ist demgegenüber — abgesehen von der literarischen Erzählung — mehr für mündlich konstituierte Texte charakteristisch (z. B. Alltagserzählungen). — Vgl. dazu auch u. S. 69. — Die in diesem Band entwickelte Aufstellung von Grundformen thematischer Entfaltung ist in die Duden-Grammatik aufgenommen worden (5. Aufl. 1995, S. 806 ff.; 6. Aufl. 1998, S. 836 ff.).

3.5. Grundformen thematischer Entfaltung

3.5.1. Die deskriptive Themenentfaltung

Bei der deskriptiven Themenentfaltung wird ein Thema in seinen Komponenten (Teilthemen) dargestellt und in Raum und Zeit eingeordnet. Die wichtigsten thematischen Kategorien sind also Spezifizierung (Aufgliederung) und Situierung (Einordnung).

Die deskriptive Themenentfaltung tritt in verschiedenen Ausprägungen auf, die durch die Art des Themas bedingt sind.[74] Wir wollen die folgenden Varianten unterscheiden:

a) Das Thema bezeichnet einen einmaligen Vorgang, ein historisches Ereignis.

Beispiel:

(1) Krach beim HSV

Vor dem heutigen Spiel des Hamburger SV beim internationalen Fußballturnier in Bilbao kam es zu einem handfesten Krach. Beim Training schickte Ernst Happel seinen Torwart Uli Stein nach einem Wortwechsel vorzeitig in die Kabine.

Seite 16

(aus: Hamburger Abendblatt v. 12. 8. 82, S. 1)

Der Emittent führt einige wesentliche Bestandteile des Ereignisses „Krach beim HSV" an; er beantwortet sozusagen die Fragen nach dem Was und Wie (Ablauf des Ereignisses), dem Wer (die handelnden Personen) und dem Wann und Wo (Zeit und Ort des Ereignisses). Die Motive der Handelnden („Warum") und eventuelle Konsequenzen des Ereignisses („Mit welcher Folge") werden in dieser kurzen Meldung nicht genannt; diesbezügliche Angaben finden sich in einem längeren Bericht, auf den die Meldung verweist (mit *Seite 16*).

Der thematische Textaufbau im einzelnen, d. h. die Anordnung der Propositionen, orientiert sich bei Ereignisberichten im allgemeinen am zeitlichen Ablauf des berichteten Geschehens.

In grammatischer Hinsicht dominieren die sog. Vergangenheitstempora (in unserem Text das Präteritum) sowie Temporal- und Lokalbestimmungen (*vor dem heutigen Spiel, in Bilbao* usw.).

[74] Vgl. dazu auch Schmidt u. a. 1981, S. 89 ff.

In dieser Ausprägung ist die deskriptive Themenentfaltung vor allem für die informativen Textsorten „Nachricht" und „Bericht" charakteristisch. Hierher gehört auch die in Abschnitt 3.4.4. analysierte Zeitungsnachricht.

Zur Verdeutlichung soll noch ein weiteres Textbeispiel herangezogen werden; es handelt sich um eine Rundfunknachricht:

Beispiel:

(2) (1) Die Christlich-Demokratische Union lehnt die von der Bonner Koalition beschlossenen Sparmaßnahmen nicht in Bausch und Bogen ab. (2) Sie verweigert sich damit der von Franz Josef Strauß befürworteten Linie. (3) Der CDU-Vorsitzende Kohl sagte nach einer Präsidiumssitzung vor Journalisten in Bonn, Steuer- und Abgabenerhöhungen lehne seine Partei jedoch nachdrücklich ab. (4) Als Beispiele nannte er eine Erhöhung des Beitrages zur Arbeitslosenversicherung sowie Einschränkungen beim sogenannten Ehegatten-Splitting und bei der Vorsorgepauschale. (5) Die geplanten Änderungen in der Krankenversicherung stießen zwar auf erhebliche Kritik der CDU, lägen aber auf ihrer Generallinie, sagte Kohl. (6) Über einige andere Vorhaben werde seine Partei mit sich reden lassen.

(aus: Nachrichtensendung vom 30. 8. 82, NDR III, 19 Uhr, zweite Meldung)

Eine Nachrichtensendung besteht aus einzelnen Meldungen, die durch Pausen voneinander getrennt sind und die den Charakter von Einzeltexten haben, d. h. untereinander nicht nach dem Kohärenzprinzip verknüpft sind. Jeder dieser Nachrichtentexte hat einen Sachverhalt oder ein Ereignis zum Thema, das nach den thematischen Kategorien der Situierung und der Spezifizierung entfaltet wird.

In unserem Beispiel ist das Thema in den Segmenten 1 und 2 enthalten: Die CDU teilt nicht die von Strauß geforderte generelle Ablehnung der Bonner Sparmaßnahmen. Das Thema wird in Segment 3 zunächst situiert (durch Angabe der Informationsquelle und des Ortes: *Kohl sagte nach einer Präsidiumssitzung vor Journalisten in Bonn*) und dann dadurch spezifiziert, daß der Emittent referierend anführt, welche Teile des Sparkatalogs die Zustimmung der CDU finden und welche Teile sie ablehnt.

b) Das Thema bezeichnet einen als regelhaft (generalisierbar, wiederholbar) dargestellten Vorgang.

Beispiel:

(3) (Das Stielen eines Hammers)

1. Einen neuen Stiel zugerichtet kaufen, der in das Öhr des Hammerkopfes paßt und nicht zu kurz ist: für Schreinerhammer etwa 35 cm.
2. Hammerkopf aufsetzen und einige Male kräftig mit dem hinteren Ende des Stiels auf die Werkbank schlagen, so daß sich der Kopf festzieht. ... Nach die-

ser Probe Hammerkopf wieder entfernen, schrägen Schlitz für Keil einschneiden.

3. Schmalen Keil anfertigen.
4. Hammer zusammensetzen, Kopf festschlagen, Keil mit etwas Leim bestreichen, eintreiben.
5. Etwa über den Hammerkopf vorstehendes Holz mit der Feinsäge absägen.
6. Zum Schluß *wird* der Stiel mit Zelluloselack *eingelassen* und mit Stahlwolle *abgezogen*. ...

(aus: O. Werkmeister, Die Axt im Haus. München 1956, S. 183 f.)

Der Emittent gliedert den Gesamtvorgang (das Thema) in seine wesentlichen Teilvorgänge, die er in ihrem zeitlichen Nacheinander übersichtlich (signalisiert durch die Numerierung) und knapp beschreibt.

Wichtige sprachliche Charakteristika sind:

— die Dominanz von Handlungsverben (*aufsetzen, schlagen, einschneiden, anfertigen* usw.)

— der Infinitiv in absolutem Gebrauch (*kaufen/aufsetzen/schlagen* usw.), der in Bedienungsanleitungen, Gebrauchsanweisungen, Arbeitsbeschreibungen usw. aber nicht eine direkte Aufforderung signalisiert, sondern in den Dienst der instruktiven Textfunktion (einer Variante der Appellfunktion) gestellt wird (s. dazu genauer u. Abschn. 4.4.3.). Deshalb ist er auch in diesen Texten prinzipiell gegen das Vorgangspassiv austauschbar (s. auch Absatz 6 unseres Beispieltextes). In anderen deskriptiven Texten (z. B. in wissenschaftlichen Arbeiten, Hand- und Lehrbüchern) wird die passivische Struktur bevorzugt.

Beispiel aus einem medizinischen Lehrbuch:

(4) Die Linearextraktion

Nach vorausgegangener Eröffnung der Linsenkapsel durch Dizision *wird* im Zustand der Quellung der Linse die Vorderkammer am oberen Hornhautrand durch schmalen Lanzenschnitt *eröffnet*. Die gequollenen Linsenmassen ... *werden exprimiert, ausgelöffelt* oder am schonendsten mit Fuchsscher Spritze *abgesaugt*.

(aus: F. Hollwich, Augenheilkunde. Stuttgart 1974, S. 127)

— Wegfall des Artikels und Koordination der (infinitivischen) Fügungen (wie in Beispiel 3, Absatz 2 und 4), wodurch — zusammen mit dem Gebrauch des absoluten Infinitivs — eine einfache, knappe, ökonomische Sprachgestaltung erreicht wird.

c) Das Thema bezeichnet ein Lebewesen oder einen Gegenstand.

Beispiel aus einem Lexikon:

(5) Elefanten sind die größten, schwersten Landsäugetiere. Sie haben einen langen, sehr beweglichen Rüssel. Die Schneidezähne sind zu Stoßzähnen umgebildet. Auf jeder Seite des Unter- und Oberkiefers findet sich nur ein großer Backenzahn mit zahlreichen Schmelzfalten, der insgesamt sechsmal durch Einschub eines neuen Zahnes von hinten erneuert wird. Die Rüsselspitze, in der die Nasenlöcher liegen, ist sehr tastempfindlich und kann mit Hilfe von lappen- oder fingerförmigen Fortsätzen feine Greifbewegungen machen. Das Haarkleid ist sehr dünn. Die säulenförmigen Beine haben unter den Knochen des Fußes ein mächtiges elastisches Polster, wodurch der Elefant einen überraschend weichen und federnden Gang bekommt. Die Augen sind klein, Geruch und Gehör sind gut ausgebildet; die Ohren sind groß und beweglich. Nach einer Tragzeit von 20 bis 22 Monaten wird ein etwa 100 kg schweres Junges geboren, das zwei Jahre lang gesäugt wird. Elefanten werden 60, höchstens 70 Jahre alt; für höheres Alter liegen keine gesicherten Angaben vor.

(aus: Brockhaus Enzyklopädie, Bd. 5. Wiesbaden 1968, S. 397)

Die Themenentfaltung vollzieht sich nach der Teil — Ganzes- oder Enthaltenseins-Relation, die in unserem Text zunächst als Gattung — Art-Beziehung auftritt (Säugetier — Elefant). Es folgt dann die Beschreibung des Elefanten nach seinen wesentlichen Merkmalen (Rüssel, Zähne, Haarkleid, Beine, Augen, Ohren, Gewicht, Alter usw.). Es werden dabei auch quantitative Angaben gemacht. Je nach Art des Themas können noch weitere Angaben hinzukommen (etwa zur räumlichen Einordnung, zum Verwendungszweck usw.).

In sprachlicher Hinsicht zeichnen sich solche Beschreibungen durch eine durchgehende Wiederaufnahmestruktur aus.

Die besprochenen Ausprägungen der deskriptiven Themenentfaltung können durch die auch alltagssprachlich belegte Unterscheidung von B e r i c h t e n und B e s c h r e i b e n näher gekennzeichnet werden.

In der „funktional-kommunikativen Sprachbeschreibung" (FKS) von W. Schmidt u. a. finden sich für diese Formen (Schmidt nennt sie „Kommunikationsverfahren") folgende Umschreibungen[75]:

[75] Schmidt u. a. 1981, S. 91. — Es ist zu beachten, daß die Kommunikationsverfahren der FKS als sprachliche Handlungstypen bestimmt werden, die der Erreichung eines Handlungsziels dienen. Sie sind also prinzipiell nicht mit den in diesem Band vorgestellten Grundformen thematischer Entfaltung gleichzusetzen, die ja als komplexe

— Berichten:

„die ... sprachliche Darstellung eines singulären (individuellen) realen oder als real gegeben aufgefaßten Geschehens“

— Beschreiben:

„die ... Darstellung eines Lebewesens, unbelebten Dings; eines Vorgangs oder Zustands, der als Element einer Klasse von Prozessen mit übereinstimmenden invarianten Merkmalen erfaßt wird“

Es ist deutlich, daß unsere Ausprägung (a) dem Berichten entspricht, während die Ausprägungen (b) und (c) Formen des Beschreibens darstellen.

Abschließend soll die deskriptive Themenentfaltung ganz kurz von der narrativen Themenentfaltung abgegrenzt werden, die wir hier nicht im einzelnen behandeln können.

Die narrative Themenentfaltung, wie sie vor allem für Alltagserzählungen charakteristisch ist, zeichnet sich u. a. durch folgende Merkmale aus[76]:

— Das Thema wird durch ein abgeschlossenes, singuläres Ereignis repräsentiert, das gewisse „Minimalbedingungen von Ungewöhnlichkeit“ (U. M. Quasthoff) bzw. „ein Interessantheitskriterium“ (T. A. van Dijk) erfüllt und an dem der Erzähler in irgendeiner Weise beteiligt ist.

— Als zentrale thematische Kategorien sind die „Komplikation“ (Darstellung des ungewöhnlichen Ereignisses) und die „Resolution“ (Auflösung der Komplikation in positiver oder negativer Hinsicht) sowie die „Evaluation“ (Bewertungen, emotionale Einschätzungen und Stellungnahmen des Erzählers zu den erzählten Ereignissen) anzusehen. Hinzu kommen noch die „Orientierung“ (Angaben zu Ort, Zeit, handelnden Personen usw.) und ggf. die „Koda“ („Moral“, Lehren für die Zukunft).[77]

Die deskriptive Themenentfaltung ist für informative Texte besonders charakteristisch (Nachricht, Bericht, Lexikonartikel, wissenschaftliche Abhandlung usw.); wir finden sie aber auch in instruktiven Texten (Bedienungsanleitung, Kochrezept, Gebrauchsanweisung usw.) und in normativen Texten

thematische Muster beschrieben werden. Wir differenzieren damit schärfer zwischen den kommunikativ-funktionalen und den thematischen Aspekten der Textanalyse. — Zur Kritik am „globalen Ansatz“ der FKS vgl. Motsch 1986, S. 277 ff.

[76] Zur Struktur von Erzähltexten vgl. etwa Gülich 1976; Gülich/Raible 1977; van Dijk 1980, 1980a; Quasthoff 1980; Brinker 1996 und 1998 (mit Beispielanalysen)

[77] Die Kategorien gehen auf die für die Entwicklung der Erzähltextanalyse grundlegende Arbeit von Labov/Waletzky (1967, dt. 1973) zurück.

(Gesetz, Vertrag, Vereinbarung, Testament usw.).[78] In appellativen Texten (z. B. politischen Kommentaren) verbindet sie sich häufig mit der argumentativen Themenentfaltung, indem nach dem deskriptiven Prinzip die Informationsbasis geschaffen wird, auf die sich das Thema, d. h. die zu begründende These, bezieht (vgl. dazu u. Abschn. 3.5.3.).

3.5.2. Die explikative Themenentfaltung

Bei der Beschreibung der explikativen Themenentfaltung können wir auf das bekannte Modell der wissenschaftlichen Erklärung von C. G. Hempel und P. Oppenheim (kurz: H-O-Schema genannt) zurückgreifen.[79] Nach diesem Schema erklärt der Wissenschaftler einen Sachverhalt („Explanandum“ genannt, d. h. das zu Erklärende) dadurch, daß er ihn aus bestimmten anderen Sachverhalten, die man zusammen als das „Explanans“ (d. h. das Erklärende) bezeichnet, logisch ableitet. Das Explanans besteht aus zwei Teilen, den sog. Anfangs- oder Randbedingungen (A) einerseits und den allgemeinen Gesetzmäßigkeiten (G) andererseits. Das Thema eines explikativ verfahrenden Textes wird demnach durch das Explanandum repräsentiert. Wir formulieren es am besten in der grammatischen Form des sog. Aussagesatzes (in konkreten Texten ist es oft als Fragesatz realisiert).

Diese Zusammenhänge werden schematisch folgendermaßen dargestellt:

$A_1, A_2 \ldots A_n$	(singuläre Aussagen, die die Anfangsbedingungen beschreiben)	
$G_1, G_2 \ldots G_n$	(Gesetzesaussagen)	Explanans
E	(Aussage, die das zu erklärende Phänomen beschreibt)	Explanandum

Beispiel[80]:

(1) Die Heizungsrohre im Keller sind geplatzt, weil es heute nacht Frost gegeben hat und die Glaswatteverkleidung für die Heizungsanlage nicht geliefert worden ist;

[78] Der Terminus „normativ“ bezieht sich auf Texte, die „explizit bindende Regeln des Verhaltens und Geltens aussprechen“ (nach Große 1976, S. 29 f.). Zum Stellenwert dieses Merkmals für eine Klassifikation von Textfunktionen vgl. unten Kap. 4.4.1.

[79] Vgl. dazu Stegmüller 1974, Kap. I („Der Begriff der Erklärung und seine Spielarten“)

[80] In Anlehnung an Lang 1976, S. 147—181

denn Frost läßt das Wasser in den Heizungsrohren gefrieren, wenn sie nicht durch eine isolierende Verkleidung gegen Temperatureinflüsse geschützt sind.

Analyse:

A_1: Es hat heute nacht Frost gegeben.

A_2: Die Glaswatteverkleidung für die Heizungsanlage ist nicht geliefert worden.

G_1: Frost läßt das Wasser in den Heizungsrohren gefrieren, wenn sie nicht durch eine isolierende Verkleidung gegen Temperatureinflüsse geschützt sind.

E: Die Heizungsrohre im Keller sind geplatzt.

Es ist zu beachten, daß das Schema in konkreten Texten häufig nur implizit (und unvollständig) realisiert ist (vor allem in Alltagstexten, aber auch in manchen wissenschaftlichen Texten).[81] Ein Erklärungstext liegt aber immer dann vor, wenn die Einteilung in Explanandum (das, was erklärt werden soll) und Explanans (das, was erklärend ist, d. h. die Erklärung) erkennbar (bzw. rekonstruierbar) ist.

Wir wollen dazu die beiden folgenden Textbeispiele aus dem Alltagsbereich betrachten:

Beispiel:

(2) (Über das Prüfen der Kraftfahrzeugbatterie)

(1) Zunächst können Zerstörungen an den Anschlußbolzen auftreten. (2) Man erkennt diesen Vorgang daran, daß sich ein weißlichgelbliches Pulver bildet, das die Bleistutzen umgibt und auch zwischen den Klemmen sitzt. (3) Das beeinträchtigt den Stromübergang, und im Bleistutzen entstehen Zersetzungsnarben. (4) Mit einer Stahlbürste, notfalls auch mit einem Messer, kann man Anschlußstutzen und Klemmen wieder blank machen. (5) Reibt man dann die blanken Stellen mit säurefreiem Fett ein, hat man für eine Weile Ruhe. (6) Die Deckfläche der Batterie soll ab und zu gereinigt werden. (7) Durch abgelagerten Staub und Feuchtigkeit können sonst Kriechströme fließen und die Batterie frühzeitig entleeren. (8) Nun schrauben Sie die Stöpsel ab und prüfen den Säurestand. (9) Die Flüssigkeit soll 1 cm über dem oberen Rand der Platten stehen. (10) Ist das nicht der Fall, muß sofort destilliertes Wasser bis zu diesem Stand nachgefüllt werden. (11) Geschieht das nicht, leidet die Batterie für die Dauer, denn an der Stromspeicherung nimmt nur der von der Flüssigkeit bedeckte Teil der Platten teil; auch verhärtet dann der trockene Teil und scheidet damit für spätere Stromabgabe aus.

(aus: O. Werkmeister, Die Axt im Haus. München 1956, S. 452)

[81] Zu Alltagserklärungen vgl. Bayer 1981, S. 25—43

Der Text ist als Anleitung konzipiert, die dem Autofahrer sagt, was er tun muß, damit keine Störungen an der Batterie auftreten. Allerdings werden dabei auch gewisse Zusammenhänge erklärt. So liegt diesem Textausschnitt implizit eine explikative Struktur zugrunde, die von deskriptiven Teilen durchzogen wird (in denen der Emittent beschreibt, was der Leser tun muß, z. B. Segment 4—6 und 8—10). Wenn wir die zugrunde liegende explikative Struktur explizit machen wollen, müssen wir einzelne Textaussagen etwas umformulieren.

Der Text besteht aus drei Erklärungszusammenhängen, wobei (a) und (b) für E_1 und (c) für E_2 gelten:

(a) A_1: Es treten Zerstörungen an den Anschlußbolzen auf, indem sich ein weißlich-gelbliches Pulver bildet, das ... (1/2).

A_2: Anschlußstutzen und Klemmen werden nicht regelmäßig gereinigt (4/5).

G: A_1 beeinträchtigt den Stromübergang und läßt im Bleistutzen Zersetzungsnarben entstehen, wenn nicht regelmäßige Reinigung erfolgt (3 sowie 4 und 5).

E_1: Die Batterie funktioniert nicht.

(b) A_1: Auf der Deckfläche lagern sich Staub und Feuchtigkeit ab (6/7).

A_2: Die Deckfläche wird nicht regelmäßig gereinigt (6).

G: Durch abgelagerten Staub und Feuchtigkeit fließen Kriechströme, die die Batterie frühzeitig entleeren, wenn nicht eine regelmäßige Reinigung der Deckfläche erfolgt (7 sowie 6).

E_1: Die Batterie funktioniert nicht.

(c) A_1: Die Batterie weist zu wenig Flüssigkeit auf (9/10).

A_2: Es wird kein destilliertes Wasser nachgefüllt (10/11).

G_1: Nur der von der Flüssigkeit bedeckte Teil der Platten nimmt an der Stromspeicherung teil (11).

G_2: Der trockene Teil verhärtet und scheidet für die spätere Stromabgabe aus (11), wenn nicht dafür gesorgt wird, daß die Flüssigkeit 1 cm über dem oberen Rand der Platten steht (9/10).

E_2: Die Batterie wird auf die Dauer geschädigt (11).

Beispiel:

(3) Wenn Sie bei Gewitter im Bett liegen ...

Abendblatt-Leser H. K., Reinbek: (1) Sie schrieben kürzlich etwas über Blitzschutz. (2) Meine Frage: Was passiert mir im französischen Bett, wenn der Stecker des Radios Kontakt hat und der Blitz einschlägt? (3) Kann ich durch die Sprungfedern der Matratze einen Schlag bekommen? —

(4) Innerstädtische Stromnetze sind gegen Blitzschlag ausreichend geschützt.

(5) Auf dem flachen Lande gilt, wenn man ganz sichergehen will, noch immer die alte Regel, alle Elektroanschlüsse aus den Steckdosen zu nehmen.

(6) Wir hoffen, daß Ihnen nichts passiert, wenn Sie im Bett liegen, Radio hören und der Blitz einschlägt. (7) Denn zwischen dem Radio und den Sprungfedern der Matratze kann nur dann eine Verbindung erfolgen, wenn ein elektrischer Leiter vorhanden ist.

(aus: Hamburger Abendblatt v. 3. 9. 1982; Rubrik: *Was wollen Sie wissen?*)

Der Text besteht aus zwei Teilen, die jeweils einen anderen Emittenten haben. Beide Teile sind durch die Relation „Frage — Antwort" aufeinander bezogen und verweisen auf verschiedene Phasen eines zugrunde liegenden Kommunikationsprozesses; sie werden aber unter eine gemeinsame (konkrete) Überschrift gestellt (*Wenn Sie bei Gewitter im Bett liegen* ...) und erscheinen im Rahmen einer festen, typographisch vom übrigen Text deutlich abgesetzten Rubrik (*Was wollen Sie wissen?*); sie werden somit nicht als eigenständige Texte realisiert, sondern als Teil-Texte eines Gesamttextes.

Der erste Teiltext formuliert die Frage des Lesers. Der Antworttext zerfällt in zwei Teile (Segment 4 und 5 einerseits und Segment 6 und 7 andererseits). Die Frage des Lesers wird nur in Segment 6 und 7 beantwortet. Dieser Abschnitt ist als (alltagssprachlicher) Erklärungstext konzipiert. Die zugrunde liegende Struktur kann mit Hilfe des Erklärungsschemas folgendermaßen expliziert werden:

A_1: Die Person X liegt im Bett auf einer Sprungfedermatratze.

A_2: Die Person X hört Radio.

A_3: Zwischen Radio und Sprungfedern ist kein elektrischer Leiter vorhanden.

A_4: Der Blitz schlägt ein.

G: Zwischen dem Radio und den Sprungfedern kann nur dann eine Verbindung erfolgen, wenn ein elektrischer Leiter vorhanden ist.

E: Die Person X bekommt keinen Schlag.[82]

Die Segmente 4 und 5 stehen — wie gesagt — nicht in einer direkten Beziehung zur Fragestellung (zum Explanandum); sie enthalten zusätzliche Informationen zur Absicherung des Stromnetzes gegen Blitzschlag in der Stadt

[82] Die Formulierung *Wir hoffen, daß* ... signalisiert in unserem Text eine gewisse Vorsicht des Emittenten, da er die dritte Bedingung nur als (normalerweise) gegeben unterstellen kann (aber nicht sicher weiß, ob diese Voraussetzung im konkreten Fall auch wirklich erfüllt ist).

und auf dem Land. Der Antworttext wirkt deshalb auch ein wenig unzusammenhängend.

In sprachlicher Hinsicht zeichnen sich explikativ verfahrende Texte durch eine gewisse Dominanz von Konjunktionen, Adverbien und Präpositionen aus, die Kausalbeziehungen im weitesten Sinn (Grund, Ursache, Bedingung, Folge usw.) signalisieren (z. B. *weil, denn, wenn; deshalb, folglich; wegen, infolge*).

Die explikative Themenentfaltung ist vor allem für bestimmte Textsorten charakteristisch, die auf eine Erweiterung des Wissens zielen, wie Lehrbuch, populärwissenschaftlicher und wissenschaftlicher Text. Sie verbindet sich dabei häufig mit der deskriptiven Themenentfaltung; sie kann aber auch in das komplexe Verfahren des Argumentierens integriert werden, auf das wir abschließend eingehen wollen.

3.5.3. Die argumentative Themenentfaltung

Für die Darstellung der argumentativen Themenentfaltung orientieren wir uns an dem Argumentationsmodell, das der englische Philosoph St. Toulmin[83] für den Bereich des praktischen Argumentierens entwickelt hat. Toulmin stellt die allgemeine Struktur einer Argumentation mit Hilfe von sechs relationalen logisch-semantisch definierten Kategorien dar. Der Emittent begründet eine (strittige) Behauptung bzw. These („claim"; Konklusion), die das Textthema repräsentiert, durch Argumente („data").[84] Daß die angeführten

[83] Toulmin 1958 (dt. 1975), bes. Kap. III; dazu im einzelnen Brinker 1980, S. 53–71; vgl. auch Kopperschmidt 1980, S. 89 ff. — Für weitere Literaturhinweise zur Argumentationstheorie und -analyse wird auf die Studienbibliographie von Nussbaumer (1995) verwiesen.

[84] In Klammern die Termini Toulmins. — Der Terminus „Konklusion" (lat. *conclusio*) stammt aus der traditionellen Logik und bezeichnet dort den Schlußsatz im Syllogismus (d. h. die logische Folgerung aus zwei Prämissen). — Der Begriff „Datum" ist nicht im objektivistischen Sinne zu verstehen; als Daten können die Aussagen gelten, die in einem konkreten Text von dem Emittenten als Tatsachenfeststellungen (Ursachen, Motive, Gründe usw.) angeführt werden; der Rezipient kann diese „Daten" aber ablehnen bzw. problematisieren. Der Deutlichkeit halber sprechen wir von „Argumenten", d. h. Gründen, die der Emittent für seine These anführt. Es ist zu beachten, daß wir den Terminus „Argument" in einer engeren Bedeutung verwenden als die traditionelle Logik, die unter „Argument" eine geordnete Folge von Aussagen (Behauptungen) versteht, von denen eine als die Konklusion, die anderen als die Prämissen bezeichnet werden.

Daten (Tatsachen) überhaupt Argumente für die These sein können, daß also der Schritt von den Daten (D) zur Konklusion (C) vollzogen werden kann, wird durch eine Schlußregel („warrant") gerechtfertigt. Diese Schlußregel ist eine allgemeine hypothetische Aussage, die die Form hat „Wenn D, dann C" — oder expliziter: „Wenn die Daten x, y, z gegeben sind, dann kann man annehmen, daß C". Die Zulässigkeit der Schlußregel erweist der Emittent durch eine Stützung („backing"). Es handelt sich dabei um Aussagen, die die besonderen inhaltlichen Standards des betreffenden Argumentationsbereichs (Handlungsbereichs) ausdrücken (Verweis auf Gesetze, Normen, Regeln des Verhaltens und Geltens u. ä.). Den Wahrscheinlichkeitsgrad (Geltungsgrad) der These kann man mit einem sog. Modaloperator („qualifier") angeben (z. B. *wahrscheinlich, vermutlich, vielleicht* usw.) und die Umstände, die die Gültigkeit der Schlußregel einschränken, durch die sog. Ausnahmebedingung („rebuttal"). Schematisch sieht der Zusammenhang der Kategorien folgendermaßen aus[85]:

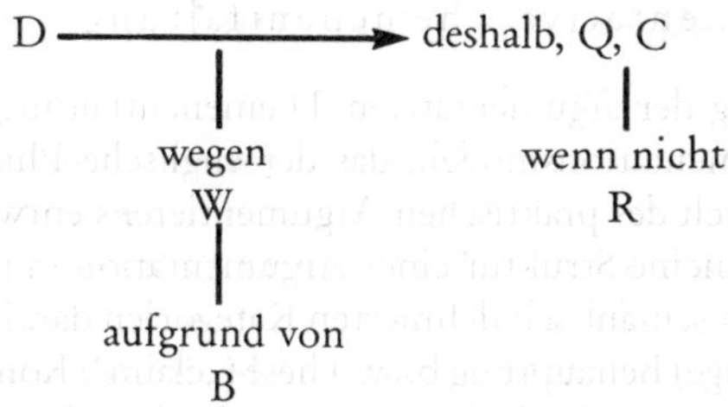

Wir wollen das Schema an einem leicht veränderten Beispiel Toulmins verdeutlichen:

These/Konklusion (C):
Hans ist deutscher Staatsbürger.

Datum/Argument (D):
Hans wurde in Deutschland geboren.

Schlußregel (W):
Wenn jemand in Deutschland geboren wurde, dann ist er in der Regel deutscher Staatsbürger.

[85] Nach Toulmin 1958, S. 104. — Abkürzungen: C = „claim or conclusion"; D = „datum"; W = „warrant"; B = „backing"; Q = „qualifier"; R = „rebuttal". — Der Pfeil symbolisiert die Beziehung zwischen den „Daten" und der Konklusion, zu deren Stützung sie angegeben werden (ebd., S. 99).

Stützung der Schlußregel (B):
aufgrund der folgenden Gesetze ...

Modaloperator (Q):
vermutlich

Ausnahmebedingung (R):
z. B. beide Elternteile waren Ausländer.

These und Argument(e) bilden die Grundlage des argumentativen Textes; denn ohne die Angabe von Daten, auf die man sich als unmittelbare Belege für die aufgestellte These berufen muß, gibt es keine Argumentation. Schlußregel und Stützung sind demgegenüber in argumentativ verfahrenden Texten der Alltagssprache häufig nicht ausgedrückt; sie sind dann aber implizite (mitzudenkende) Glieder der Argumentation und müssen in der Argumentationsanalyse explizit gemacht werden.

Wir wollen nun an zwei Zeitungskommentaren exemplarisch darstellen, was das Toulminsche Argumentationsschema als Analyseinstrument für tatsächlich vorkommende Argumentation leistet. Daß dabei einige Modifikationen nötig werden, sei bereits angedeutet.

Toulmin hat sein Modell nicht auf Texte angewandt, sondern nur auf einzelne Sätze. Er gibt weder Übersetzungsregeln noch informelle Transformationstechniken an. Das ist auch kaum möglich; die Zuordnung einzelner Propositionen bzw. propositionaler Komplexe eines Textes zu den Kategorien des Argumentationsschemas kann nicht mechanisch erfolgen.

Beispiel:

(1) Hamburg und die Werbung

Von Egbert A. Hoffmann

(1) Die Hanseaten und die Hamburger Institutionen tun sich seit jeher schwer, wenn es darum geht, der Welt zu sagen: Seht, so attraktiv ist unsere Stadt! (2) Wenn andere Großstädter lautstark die Qualitäten ihrer Metropolen preisen, wird hier beredt geschwiegen. (3) Diese unerklärliche Scheu, über die unvergleichlichen Reize Hamburgs öffentlich zu sprechen, wird allgemein als „Understatement“ bezeichnet — und das ist wohl als Kompliment gemeint. (4) Aber was hilft's: Ohne Selbstdarstellung sind leider keine Fremden zu bewegen, einer Stadt ein paar Stunden (oder ein paar Tage) ihres Urlaubs zu widmen, den sie eigentlich ganz woanders verbringen wollen.

(5) Um so mehr ist zu begrüßen, daß die Fremdenverkehrszentrale jetzt eine sehr erfolgreiche Werbeaktion gestartet hat, um den Zwischenstopp an den nordsüdlichen Ferienstraßen anzubieten. (6) Und sie „verkauft“ Hamburg genau dort, wo sich heute am ehesten potentielle Besucher finden lassen: in den norddeutschen Ferienorten. (7) Die ersten Erfahrungen bestätigen, daß die Ansprache an den

richtigen Ort erfolgt — so macht Familie Krause aus Köln, zur Zeit auf einem Camping-Platz an der Lübecker Bucht, offensichtlich gern mal einen „Sprung“ nach Hamburg, wenn sie erfährt, daß der Ferienetat nicht über Gebühr strapaziert wird. (8) Und Aage Jörgensen aus Aarhus rollt erwartungsfroh in Othmarschen von der West-Autobahn, wenn ihm an der dänischen Grenze „verklart“ wird, wie preiswert ein Hamburg-Stopp sein kann.

(9) Schnelle Straßen und Autobahnen haben, wie wir wissen, auch Nachteile — beispielsweise für Hamburg, das man seit Eröffnung des Elbtunnels ja so bequem rechts oder links liegen lassen kann. (10) Um so wichtiger ist die angelaufene Werbeaktion: Sie hilft der Hansestadt, alte Freunde zurückzugewinnen und ihr neue Freunde zu machen.

(aus: Hamburger Abendblatt v. 28. 6. 1976)

Um die Analyse übersichtlich zu gestalten, ist es nötig, die Propositionen des Textes etwas knapper zu fassen und implizite Aussagen explizit zu machen.

These: Die Werbeaktion der Hamburger Fremdenverkehrszentrale ist zu begrüßen (5).

Argumente:

1. Hauptargument: Die Werbeaktion ist notwendig (impliziert in 4).
   Untergeordnete Argumente:
   (a) Hamburg ist eine attraktive Stadt (1).
   (b) Bisher wurde zu wenig geworben (1—3).
   (c) Hamburg ist leicht zu umfahren (9).
   (d) Sie hilft der Hansestadt, alte Freunde zurückzugewinnen und ihr neue Freunde zu machen (10).

2. Hauptargument: Die Werbeaktion ist erfolgreich (5/6).
   Untergeordnete Argumente:
   (a) Der richtige Personenkreis ist angesprochen (6/7).
   (a’) Hinweis auf Erfahrungen (Krause/Jörgensen) — Segment 7/8.

Die Hierarchie der Argumente kann schematisch folgendermaßen dargestellt werden:

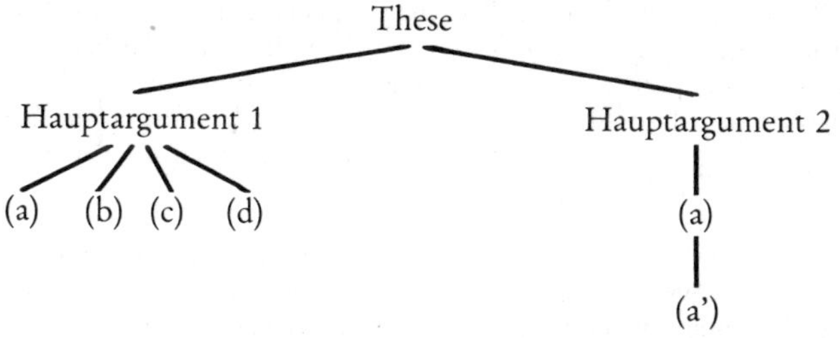

(Die Linien bedeuten von oben nach unten „wird gestützt durch“ und von unten nach oben „stützt“ bzw. „stützen“.)

Eine Schlußregel (im Sinne Toulmins) ist nicht explizit vorhanden; sie ist aber unterstellt und kann folgendermaßen formuliert werden: Wenn eine Werbeaktion notwendig und erfolgreich ist, dann ist sie zu begrüßen. Eine Stützung ist ebenfalls nicht ausgedrückt. Man könnte darauf hinweisen, daß die Schlußregel einem anerkannten Bewertungsprinzip der Alltagswelt entspricht. (Wenn eine Handlung notwendig und zugleich erfolgreich ist bzw. war, dann ist sie auch positiv zu bewerten.) Der Emittent glaubt einen solchen Grundsatz als zur gemeinsamen Wertbasis (mit seinen Lesern) gehörend unterstellen zu können.

Beispiel:

(2) Warum denn staatsverdrossen?

(1) Seit zehn Jahren sind nun die Sozialdemokraten in Bonn in Regierungsverantwortung. (2) Begonnen hatte es 1966 mit dem Eintritt in die Große Koalition. (3) Die Rechnung von Herbert Wehner, die regierenden Christdemokraten nicht allein durch Konfrontation, vielmehr durch eine flexible Umarmungstaktik langsam aber sicher aus dem Spiel zu bringen, ist aufgegangen. (4) Der zweite Akt war dann 1969 das sozial-liberale Bündnis mit einem SPD-Kanzler an der Spitze.

(5) Wer damals von einer bestandenen Bewährungsprobe des demokratischen Systems sprach, weil zum erstenmal seit Bestehen der Bundesrepublik der parlamentarische Wechsel-Mechanismus funktioniert hatte, muß sich heute, beim Rückblick auf die vergangenen zehn Jahre, der neuerlichen Warnung des SPD-Vorsitzenden Willy Brandt anschließen, daß sich erkennbar Staatsverdrossenheit ausbreite. (6) Die Mahnung ist allerdings nur dann an die richtige Adresse gerichtet, wenn sich die politischen Parteien selbst angesprochen fühlen. (7) Denn woher ist denn die Staatsverdrossenheit gekommen, vor deren Entstehen nicht mehr gewarnt zu werden braucht, weil sie nämlich bereits da ist?

(8) Die parlamentarische Demokratie ist doch wohl nur deshalb in jüngster Zeit in Zweifel gezogen worden, weil die beiden Parteien, die in Bonn als Opposition die Regierung kontrollieren sollen, die Christdemokraten und die Christlich-Sozialen, sich gegenseitig bis aufs Messer bekämpft haben und kaum noch in der Lage sind, ihre parlamentarischen Aufgaben wahrzunehmen. (9) Und die Regierungsparteien, die Sozialdemokraten und die Freidemokraten, mußten erst auf den entschlossenen Widerstand der Öffentlichkeit stoßen, um daran gehindert zu werden, mit ihrer Rentenpolitik den Wähler zu betrügen.

(10) Der Staatsverdrossenheit, vor der Willy Brandt warnt, kann nur dann der Boden entzogen werden, wenn die politischen Parteien selbst den Staat und damit die parlamentarische Demokratie ernster nehmen als bisher. drz

(aus: Frankfurter Rundschau v. 22. 12. 1976, S. 3)

Der Kommentar bezieht sich auf einen Korrespondentenbericht mit der Überschrift „Brandt warnt vor neuer Staatsverdrossenheit".

Wenn wir das Toulminsche Schema anwenden, kommen wir zu der folgenden Analyse der Argumentationsstruktur:

These (Konklusion)

An der Staatsverdrossenheit der Bürger sind die Parteien schuld (aus Segment 6/7; vgl. auch Segment 10).

Die These stellt die Antwort auf die in der Überschrift (Schlagzeile) gestellte Frage dar.

Argumente (Daten)

a) Die Opposition besteht aus zwei einander bekämpfenden Parteien und nimmt ihre parlamentarischen Aufgaben kaum noch wahr (aus Segment 8).

b) Die Regierungsparteien wollten mit ihrer Rentenpolitik den Wähler betrügen (aus Segment 9).

Diese beiden (Teil-)Argumente werden in Segment 10 implizit zu einem „globalen" Argument zusammengefaßt:

Die politischen Parteien nehmen den Staat und damit die parlamentarische Demokratie nicht ernst genug.

Schlußregel

Wenn die Parteien die parlamentarische Demokratie nicht ernst genug nehmen, dann bewirken sie Staatsverdrossenheit (aus Segment 10).

Die Schlußregel wird so nicht geäußert; sie ist aber in Segment 10 präsupponiert. Der Emittent formuliert sozusagen umgekehrt, in vorausweisender Richtung, indem er eine positive Entwicklung für die Zukunft unter der Voraussetzung voraussagt, daß die Parteien ihr Verhalten ändern (prognostische Behauptung). Diese Formulierung der Schlußregel signalisiert auf der Handlungsebene eine indirekte Aufforderung an die Parteien (s. dazu u. Kap. 4.4.3.).

Weitere Kategorien des Toulminschen Schemas sind nicht realisiert.

An unserer Argumentationsanalyse (nach dem Schema Toulmins) fällt nun auf, daß sie die ersten fünf Segmente des Kommentars unberücksichtigt läßt. In den Segmenten 1—4 gibt der Emittent einen knappen Rückblick auf die vergangenen 10 Jahre (1966—76), in denen die SPD Regierungsverantwortung getragen hat. Die Form der Themenentfaltung ist in diesem Textabschnitt deskriptiv. In Segment 5 wird dann der Anlaß des Kommentars deutlich; der

Emittent stellt unter Hinweis auf eine dem Leser durch den Bericht (auf Seite 1 derselben Zeitung) bekannte bzw. als bekannt vorausgesetzte Warnung W. Brandts fest, daß Staatsverdrossenheit herrscht.

Es wird deutlich, daß die Propositionen der Segmente 1—5 die These in einen größeren historisch-politischen Zusammenhang einordnen und den Anlaß des Kommentars nennen. Da solche einbettenden Textteile für (politische) Kommentare charakteristisch sind, müssen wir über das Toulminsche Schema hinaus noch eine thematische Kategorie einführen, die wir Einbettung nennen wollen. Die Einbettung situiert These und Argumente; sie schränkt in unserem Text den Argumentationsbereich von vornherein auf das Funktionieren der parlamentarischen Demokratie (auf *den parlamentarischen Wechsel-Mechanismus* — Segment 5) ein und stützt damit in gewisser Weise auch die Argumentation (wenn auch nicht in streng logischem Sinn). So kommen andere Faktoren, die möglicherweise für das Phänomen der Staatsverdrossenheit verantwortlich gemacht werden könnten, gar nicht erst ins Blickfeld (z. B. wird in Diskussionen über das Thema „Staatsverdrossenheit" oft die Schwerfälligkeit des Verwaltungsapparats genannt).

Die gesamte Argumentation beruht schließlich auf einer bestimmten Auffassung vom Wesen der Demokratie (worin die negative Bewertung von Staatsverdrossenheit mit eingeschlossen ist). Damit ist die Wertbasis des Kommentars angesprochen, die der Emittent mit seinen Lesern zu teilen glaubt bzw. bei seinen Lesern als vorhanden unterstellt. Sie wird in Kommentaren nur selten direkt zum Ausdruck gebracht und ist auch in unserem Text mehr implizit vorhanden.

Schematisch dargestellt ergibt sich nun die folgende Struktur[86]:

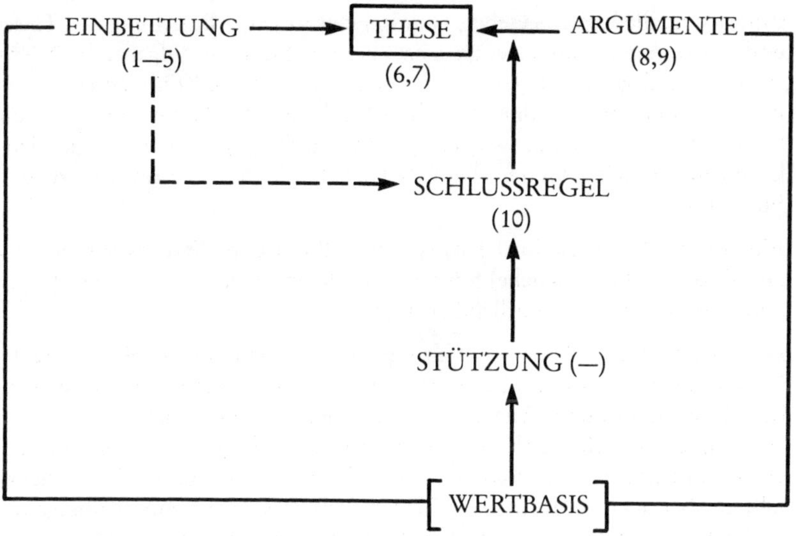

In sprachlicher Hinsicht ist festzustellen, daß in Kommentaren – im Unterschied zu Nachrichten – das Prinzip der Subordination von Sätzen dominiert. Die wichtigsten Arten der Verbindung von Haupt- und Gliedsätzen sind dabei die kausale, die konditionale, die konsekutive und die adversative Satzverknüpfung (vgl. etwa Segment 5, 6, 7, 8, 10 in Beispiel 2). In Nachrichten herrscht demgegenüber die kopulative Verbindung von Sätzen vor.

Wenn wir nun vom konkreten Text abstrahieren und abschließend das oben im Anschluß an Toulmin entwickelte Argumentationsschema auf einer allgemeineren Ebene betrachten, kommen wir zu folgenden Ergebnissen:

Wesentlich für die argumentative Themenentfaltung ist der Zusammenhang von These, Argumenten, Schlußregel und Stützung (der Regel), wie ihn Toulmin in seinem Argumentationsschema dargestellt hat, ohne ihn allerdings auf Texte anzuwenden.

[86] In Klammern die entsprechenden Segmente des Textes; das Minuszeichen bedeutet, daß die Kategorie weder explizit noch implizit realisiert wird; die „Wertbasis" ist in eckige Klammern gesetzt, da sie in der Regel impliziert ist. Wir beschränken uns hier auf die zentralen Kategorien; die Kategorien „Modaloperator" und „Ausnahmebedingung" können natürlich auch noch vorkommen.

Für Kommentare (nicht nur für politische Kommentare) ist nun eine weitere Kategorie charakteristisch, die im Modell Toulmins nicht vorkommt, die Einbettung, die logisch gesehen zwar in einer lockeren Beziehung zur These und zu den Argumenten steht; sie hat aber nicht nur die Aufgabe, die Nachrichtengrundlage zu schaffen (also zwischen Bericht und Kommentar zu vermitteln), sondern sie ordnet die These (und auch die Argumente) in einen bestimmten Kontext ein; sie restringiert somit die Argumentationsmöglichkeiten und erhält dadurch ebenfalls eine die Argumentation „stützende" Funktion.

Eine weitere Kategorie ist die als konsensuell präsupponierte Wertbasis, aus der nicht nur die (mögliche) Stützung abgeleitet ist, sondern auf der die gesamte Argumentation letztlich beruht.

Die argumentative Themenentfaltung ist vor allem für appellative Texte kennzeichnend, da es dem Emittenten in diesen Texten zumeist darum geht, den Rezipienten durch Angabe von Gründen von seiner Sichtweise, seiner Wertung eines Sachverhalts zu überzeugen und ihn ggf. zu einem entsprechenden Handeln zu veranlassen. Wir finden die argumentative Themenentfaltung aber auch in normativen Texten (z. B. in Gerichtsentscheidungen)[87] und in bestimmten informativen Texten (z. B. in Rezensionen und in wissenschaftlichen Abhandlungen).

[87] Zum Terminus „normativer Text" vgl. oben Anm. 78

4. Analyse der Textfunktion

4.1. Vorbemerkung

Nachdem wir in Kapitel 3 allgemeine Bedingungen der grammatischen und thematischen Textbildung behandelt haben, geht es nun um die kommunikative Funktion von Texten, kurz: um die Textfunktion.

Unter „Funktion" versteht man im allgemeinen die Aufgabe einer Person, eines Organs oder eines Gegenstandes innerhalb eines Ganzen. So spricht man z. B. von der Funktion des Herzens, der Schilddrüse, des Bürgermeisters, einer Romangestalt.[1]

Unter Anknüpfung an diese allgemeinsprachliche Verwendung des Ausdrucks „Funktion" kann der Terminus „Textfunktion" zunächst ganz vorläufig definiert werden als der Sinn, den ein Text in einem Kommunikationsprozeß erhält, bzw. als der Zweck, den ein Text im Rahmen einer Kommunikationssituation erfüllt.[2]

Nun kann ein Text durchaus mehr als eine kommunikative Funktion signalisieren. So haben z. B. Kochrezepte eine informative und eine appellative Funktion; dominierend ist aber die appellative Funktion (Kochrezepte werden als Anleitung des Emittenten zur Herstellung von Gerichten verstanden); die appellative (genauer: instruktive) Funktion wird häufig direkt durch bestimmte sprachliche Strukturen (z. B. Formen des Imperativs, durch die sog. Höflichkeitsform, den Infinitiv usw.)[3] indiziert (vgl. dazu im einzelnen u. Kap. 4.4.3.). Als ein weiteres Beispiel sollen die Rundfunknachrichten angeführt werden. Dominant ist zwar die informative Textfunktion; sie besteht darin, daß der Emittent den Hörer über das Vorhandensein eines be-

[1] Vgl. auch Große 1976, S. 25 f.

[2] Ein Kommunikationsprozeß wird gebildet durch zumindest z w e i Kommunikationspartner, die in einen kommunikativen Kontakt treten, indem sie Äußerungen bzw. Texte produzieren und rezipieren. Jeder Kommunikationsprozeß läuft in einer durch Ort und Zeit abgrenzbaren Kommunikationssituation ab.

[3] Z. B. *Nehmen Sie* ... bzw. *Man nehme* ... oder ... *nehmen*; vgl. auch Abschnitt 3.5.1.

stimmten Sachverhalts informiert.[4] Da Nachrichtensendungen aber einen hohen Grad an Beliebtheit besitzen, ist ihnen auch eine gewisse Unterhaltungsfunktion nicht ganz abzusprechen[5]; sie beruht wohl darauf, daß Nachrichten Ereignisse thematisieren, „die sich zur interpersonalen Konversation, zum Gespräch eignen“.[6]

Diese Beispiele machen bereits deutlich, daß für einen Text zwar durchaus mehrere Funktionen charakteristisch sein können, daß der Kommunikationsmodus des Textes insgesamt aber in der Regel nur durch e i n e Funktion bestimmt wird. Diese dominierende Kommunikationsfunktion bezeichnen wir als T e x t f u n k t i o n.

Es gilt nun, diesen Begriff genauer zu fassen; die noch recht allgemeine Redeweise vom Sinn und Zweck des Textes innerhalb eines Kommunikationsprozesses reicht hier keinesfalls aus.

Als theoretisch-begriffliche Grundlage für eine adäquate Explikation des Begriffs der Textfunktion betrachten wir die Sprechakttheorie (J. L. Austin, J. R. Searle, D. Wunderlich u. a.), auf die wir kurz eingehen wollen. So läßt sich eine handlungstheoretisch fundierte Definition der Textfunktion gewinnen. Danach wenden wir uns dem Problem der textanalytischen Bestimmung der Textfunktion zu und versuchen, einige textuelle Grundfunktionen genauer zu beschreiben. Den Abschluß soll eine exemplarische Darstellung des Zusammenhangs von Textfunktion und Textstruktur bilden.

4.2. Das Sprechhandlungskonzept als theoretische Grundlage

4.2.1. Zum Begriff der sprachlichen Handlung

Mit Texten und Äußerungen versucht der Emittent im Kommunikationsprozeß in einer bestimmten Weise auf den Rezipienten einzuwirken. Da dieses Einwirkenwollen eine zielgerichtete Tätigkeit darstellt, hat man es näher als

[4] Rundfunknachrichten werden zwar mündlich realisiert; es handelt sich aber im Grunde um eine schriftkonstituierte Textsorte. Rundfunknachrichten unterscheiden sich deshalb auch in ihrer sprachlichen Struktur kaum von Zeitungsnachrichten; sie werden lediglich (durch einen Sprecher) verlesen. Als Emittent ist der Redakteur zu betrachten, der die Informationen sichtet, auswählt und sprachlich gestaltet.

[5] Vgl. dazu auch Fluck u. a. 1975, Begleitheft, S. 13

[6] Vgl. A. Kutsch/J. Westerbarkey, Zur publizistischen ‚Funktion‘ von Nachrichten. In: Straßner 1975, S. 17

sprachliches Handeln bestimmt, das im Unterschied zu automatisch ablaufendem Verhalten (z. B. Atmen, Gähnen) als intentionales Verhalten definiert werden kann.[7]

Handlungen können sich entweder auf den Handelnden selbst oder auf andere Personen beziehen. Ein selbstbezogenes Handeln (z. B. das Ergreifen eines Bleistifts) erscheint lediglich in subjektiver Hinsicht sinnvoll. Partnerbezogenes Handeln (z. B. einem anderen Kraftfahrer die Vorfahrt lassen) ist demgegenüber grundsätzlich soziales Handeln.

Innerhalb des sozialen Handelns kommt dem kommunikativen (d. h. dem auf einem Zeichensystem beruhenden) Handeln eine besondere Bedeutung zu. Kommunikatives Handeln kann durch sprachliche (z. B. bei zahlreichen schriftsprachlichen Kommunikationsakten) oder durch nicht-sprachliche Kommunikationsmittel (Gestik, Mimik, bildliche Darstellungen usw.), aber auch durch ein Zusammenwirken beider Arten von Kommunikationsmitteln (z. B. in der „face-to-face"-Kommunikation, bei Bildergeschichten, Comics, Werbeanzeigen) vollzogen werden. So kann man einen anderen Kraftfahrer entweder durch den Ausruf *Sie Dummkopf* (Sprache) oder durch das Zeigen eines Vogels (Gestik) oder durch beides zugleich beleidigen. Viele Handlungen können nur sprachlich vollzogen werden, z. B. eine Anzeige wegen Beleidigung erstatten.

Unter kommunikativem Aspekt sind sprachliche Handlungen, d. h. Handlungen, die auf dem sprachlichen Zeichensystem beruhen, nur e i n e Form, wenn auch eine innerhalb unserer Gesellschaft besonders wichtige Form kommunikativen Handelns.

Für die Beschreibung der s p r a c h l i c h e n Handlung (auch Sprechhandlung oder Sprechakt) ist nun die bereits erwähnte Sprechakttheorie grundlegend.[8]

Wir können hier nur auf die Punkte eingehen, die für die linguistische Textanalyse von besonderer Bedeutung sind. Eine genauere Behandlung der Sprechhandlungstheorie muß im Rahmen der linguistischen Pragmatik erfolgen.[9]

[7] Die folgenden Ausführungen zum Handlungsbegriff nach Kallmeyer u. a. 1974, Bd. 1, S. 15 f. sowie Gülich/Raible 1977, S. 22 ff.

[8] Austin 1962 (dt. 1972); Searle 1969 (dt. 1971); Wunderlich 1972 und 1976; Motsch 1978, S. 26 ff.; knappe Einführung in die Sprechhandlungstheorie bei Ramge 1978, S. 45 ff.; vgl. auch Hindelang 1983; Harras 1983; Levinson 1983, bes. Kap. 5

[9] Vgl. einführend zur linguistischen Pragmatik Schlieben-Lange 1979; weiterführend Levinson 1983; Meibauer 1999

In unserem Zusammenhang ist zunächst die Bestimmung wichtig, daß sprachliche Handlungen nicht nur intentional, sondern auch konventionell sind. Das heißt: Sprachliche Handlungen werden innerhalb der Sprachgemeinschaft nach Regeln vollzogen, die die einzelnen Sprachteilhaber jeweils in ihrem Sozialisationsprozeß mehr oder weniger vollkommen erlernt haben. Die Kommunikationspartner besitzen also ein gemeinsames Wissen darüber, unter welchen Bedingungen und nach welchen Regeln bestimmte sprachliche Handlungen in Kommunikationssituationen ausgeführt werden können. Nur aufgrund dieser konventionell geltenden Regeln und Bedingungen kann der Rezipient bei einer Äußerung oder einem Text die vom Emittenten erstrebte Verstehensweise herausfinden, d.h. erkennen, als was er die Äußerung auffassen soll (als Behauptung oder als Frage oder als Befehl usw.). Die Betonung liegt hier auf „auffassen soll", denn mit der Identifikation einer Äußerung als einer bestimmten sprachlichen Handlung (etwa der Äußerung *Ich verspreche dir, dich in zwei Wochen zu heiraten* als Sprechhandlung des Versprechens) ist nicht unbedingt auch verbunden, daß der Angesprochene die „wahre Absicht" des Sprechers erkannt hat. Der Sprecher könnte ja unaufrichtig sein und so tun, als ob er etwas verspricht, rät, empfiehlt, behauptet usw. und damit in Wirklichkeit andere Absichten verbinden (z.B. beim unaufrichtig gegebenen Versprechen des Heiratsschwindlers, dem es dabei um das ersparte Geld seiner Freundin geht).

Wir müssen somit „die an die Sprechhandlung gebundene, dadurch konventionell geltende und so zu verstehende Handlungsabsicht" des Emittenten von der „wahren Absicht" unterscheiden[10], wenn sich die Kommunikationspartner in der Regel auch wechselseitig Aufrichtigkeit (d.h. Übereinstimmung von in der Sprechhandlung konventionell ausgedrückter Intention und wahrer Absicht) unterstellen – zumindest solange kein Anlaß besteht, beim Partner Unaufrichtigkeit zu vermuten. Ein solcher Anlaß ist z.B. im Falle des Heiratsschwindlers gegeben, wenn dem Partner entsprechende Vorstrafen bekannt werden.

Die Konventionalität sprachlicher Handlungen ist also einerseits Voraussetzung dafür, daß der Sprecher mit einer bestimmten Äußerung dem Hörer verständlich machen kann, was er von ihm will, andererseits ermöglicht sie aber auch Täuschung, Lüge und Manipulation.[11]

[10] Ramge 1978, S. 48

[11] Die Regeln und Normen, auf die sich die Sprechhandlung bezieht, werden dann nur scheinbar eingehalten.

Die konventionell geltende kommunikative Bedeutung einer sprachlichen Handlung wird durch die sog. konstitutive Regel angegeben. Nach Searle „erzeugen" konstitutive Regeln neue Formen des Verhaltens (z. B. die Regeln für das Fußball- oder Schachspiel) — im Unterschied zu regulativen Regeln, „die bereits bestehende oder unabhängig von ihnen existierende Verhaltensformen regeln" (z. B. Anstandsregeln).[12] Konstitutive Regeln haben die allgemeine Form: „X gilt als Y im Kontext C". Das heißt: Die Äußerung bzw. der Text X gilt in einem bestimmten Situations- bzw. Handlungszusammenhang C als der Versuch des Sprechers/Schreibers, die (sprachliche) Handlung Y gegenüber dem Hörer/Leser zu vollziehen.[13]

Nach J. R. Searle lassen sich solche konstitutiven Regeln etwa folgendermaßen formulieren[14]:

— für die sprachliche Handlung des Aufforderns

Die Äußerung gilt als ein Versuch des Sprechers, den Angesprochenen dazu zu bringen, eine bestimmte Handlung zu tun.
Beispiel: *Ich fordere dich auf, morgen zu kommen.*

— für die sprachliche Handlung des Ratgebens

Die Äußerung gilt als eine Versicherung des Sprechers gegenüber dem Angesprochenen, daß eine bestimmte (künftige) Handlung ganz im Interesse des Angesprochenen ist.

Beispiel: *Ich rate dir, zum Arzt zu gehen.*

— für die sprachliche Handlung des Versprechens

Die Äußerung gilt für die Kommunizierenden als Übernahme der Verpflichtung durch den Sprecher gegenüber dem Angesprochenen, den Inhalt des Versprechens (eine bestimmte Handlung) auszuführen.
Beispiel: *Ich verspreche dir, morgen zu kommen.*

— für die sprachlichen Handlungen des Behauptens, Feststellens, Bestätigens usw.

Die Äußerung gilt als eine Versicherung des Sprechers gegenüber dem Angesprochenen, daß die jeweilige Aussage eine wirkliche Sachlage darstellt.

12 Searle 1969, dt. Übersetzung S. 54
13 Vgl. Searle 1969, dt. Übers. S. 56 f.
14 Vgl. Searle 1969, dt. Übers. S. 100 ff.

Beispiel: *Ich behaupte, daß das Produkt X besonders gut ist.*

— für die sprachliche Handlung des Fragens

Die Äußerung gilt als ein Versuch des Sprechers, dem Angesprochenen eine bestimmte Information zu entlocken.

Beispiel: *Wie komme ich am schnellsten zum Bahnhof?* (expliziter: *Ich frage dich, wie ich . . .*)

Als explizite Form einer Sprechhandlung gilt der sog. vollständige Satz mit „performativem“, d. h. sprechaktindizierendem Verb in der ersten Person; der Ausdruck *hiermit* kann ergänzt werden[15], z. B.

Ich verspreche dir (hiermit), daß ich morgen komme. Ich rate dir (hiermit), zum Arzt zu gehen.

An der expliziten Form wird deutlich, daß jede sprachliche Handlung — wie bereits dargelegt wurde (s. o. Abschnitt 3.2.) — aus zwei Komponenten besteht, aus dem illokutiven Teil, der den Sprechhandlungstyp bezeichnet (z. B. „Versprechen“, „Ratschlag“), und dem propositionalen Teil, der den Inhalt der Handlung (z. B. des Versprechens, des Ratschlags usw.) enthält.

Zu ergänzen ist noch der sog. „Äußerungsakt“, der die Ausdrucksseite der Äußerung betrifft (das Äußern von Lauten, Wörtern, Sätzen beim Vollzug einer sprachlichen Handlung). Der Begriff des Äußerungsaktes umfaßt Aspekte von Sprache, die im wesentlichen den Gegenstandsbereich der traditionellen Sprachwissenschaft, aber auch der strukturalistischen Linguistik ausmachen (vgl. die „klassischen“ linguistischen Teildisziplinen wie Phonologie, Morphologie, Syntax, Lexikologie); die linguistische Beschreibung ist hier aber nicht handlungstheoretisch fundiert. Im Unterschied zum restringierten Sprachbegriff der strukturalistischen Linguistik und der Generativen Transformationsgrammatik (s. o. Kap. 2) meint „Sprache“ in der sprechakttheoretischen Konzeption das gesamte sprachliche Handlungssystem einer Gesellschaft bzw. einer Gruppe, in dem das grammatische Regelsystem immer schon enthalten ist.

Eine Sprechhandlung (wie eine Behauptung aufstellen, einen Befehl erteilen, eine Frage stellen, ein Versprechen geben, einen Wunsch äußern, einen Rat geben, einen Glückwunsch aussprechen usw.) besteht nach Searle also aus drei verschiedenen Arten von Teilhandlungen, dem illokutiven Akt, dem

[15] Vgl. Wunderlich 1972a, S. 15 ff.

propositionalen Akt und dem Äußerungsakt, die der Sprecher in einer normalen Kommunikation allerdings zusammen und gleichzeitig ausführt.[16]

Von diesen Komponenten einer Sprechhandlung wird noch besonders der „perlokutionäre Akt" abgehoben; er bezeichnet die Wirkungen, die der illokutive Akt auf die Handlungen, Gedanken, Anschauungen usw. des Rezipienten haben kann.[17] So kann z. B. der Vollzug einer Feststellungshandlung (z. B. *Bei Familie Müller ist eingebrochen worden*) jemanden beunruhigen oder eine Aufforderungshandlung (wie *Putz mir mal die Schuhe!*) Haßgefühle auslösen. Nach Austin sind perlokutionäre Akte im Unterschied zu illokutiven Akten nicht konventionalisiert.[18] Das heißt: die Wirkungen „Verunsicherung" bzw. „Haß", die durch die angeführten Äußerungen bei einer ganz bestimmten Person unter ganz bestimmten situativen und sozialen Bedingungen hervorgerufen werden können, sind nicht in unserem sprachlichen Handlungssystem vorgegeben, zumindest nicht in der Weise wie die Beziehung zwischen den jeweiligen Äußerungsakten und den illokutiven Akten „Feststellung" bzw. „Befehl".[19]

4.2.2. Illokutionsindikatoren

Die Termini „Befehl", „Ratschlag", „Versprechen", „Behauptung" usw. bezeichnen nun nicht konkret vorkommende sprachliche Handlungen, sondern Typen von Sprechhandlungen. Eine konkret ausgeführte sprachliche Handlung, d. h. eine Handlung, die eine bestimmte Person in einer bestimmten Situation gegenüber einer bestimmten anderen Person vollzieht, wird also als Realisierung eines bestimmten Sprechhandlungstyps („illokutiven Typs" in der Terminologie Austins und Searles) aufgefaßt und beschrieben. So können verschiedene Äußerungen (z. B. *Ich verspreche dir, morgen zu kommen; verlaß dich drauf, ich komme morgen; ich werde morgen bestimmt kommen; dann bis morgen* usw.) durchaus den gleichen Handlungstyp (hier: den des Versprechens) ausdrücken.

Es gibt nun eine ganze Reihe konventionell geltender sprachlicher bzw. grammatischer Mittel, die — wenn auch nicht immer eindeutig — dazu dienen, den Typ einer sprachlichen Handlung anzuzeigen.[20]

[16] Vgl. Searle 1969, dt. Übers. S. 40 f.
[17] Vgl. Searle 1969, dt. Übers. S. 42
[18] Vgl. Austin 1962, dt. Übers. S. 116 f.
[19] Vgl. auch Hindelang 1983, S. 13 f.
[20] Vgl. Searle 1969, dt. Übers. S. 49 f.; Wunderlich 1972a, S. 15 ff.; insbesondere Sökeland 1980, Kap. 4

Es handelt sich dabei vor allem um

- die sog. explizit performative Formel, die wir bereits behandelt haben.
- den Satztyp (etwa Frage-, Aufforderungs- und Aussagesatz der traditionellen Grammatik) und das Satzmuster (Satzbauplan, der die grundlegenden grammatischen Informationen wie Modus, Tempus, Numerus, Person usw. enthält). So signalisiert z. B. eine Satzstruktur, die ein Pronomen der 1. Person als Subjekt und ein futurisches Prädikat enthält (*Ich werde dich bald besuchen*) eine Ankündigung oder eine Struktur mit einem Pronomen der 2. Person als Subjekt und einem Prädikat mit dem Modalverb *sollen* im Konjunktiv II (*Du solltest zum Arzt gehen*) eine Empfehlung.
- sog. Abtönungspartikel (z. B. *aber, doch, bloß, nur, ja, mal*) und Modalwörter (z. B. *bestimmt, hoffentlich, möglicherweise, zweifellos*)[21]
- den propositionalen Gehalt, der in der Regel aber nicht kontextunabhängig eine bestimmte illokutive Rolle bezeichnen kann. So signalisiert die Äußerung *Wir werden morgen wiederkommen* vom Satzmuster her eine Ankündigung. Ob sie darüber hinaus eine Drohung oder ein Versprechen darstellt, ergibt sich aus dem propositionalen Gehalt in Verbindung mit dem Kontext (etwa aus dem Rollenverhältnis zwischen Sprecher und Angesprochenem sowie aus der Bedeutung der Proposition im Hinblick auf diese Beziehung).

Für die gesprochene Sprache wäre vor allem noch auf die prosodischen Merkmale (Intonation, Akzent, ggf. Sprechtempo usw.) hinzuweisen.

Diese und andere handlungsanzeigenden sprachlichen Mittel werden „Indikatoren des Sprechhandlungstyps" oder „Illokutionsindikatoren" genannt.

Zwischen den sprachlichen Indikatoren bestehen häufig feste Dominanzrelationen.[22] So sind z. B. bestimmte Partikeln für die kommunikative Funktion (die sog. illokutive Rolle) einer Äußerung ausschlaggebender als der realisierte Satztyp. Dieser Zusammenhang kann an den folgenden Beispielen deutlich werden:

(1) Mach das Fenster zu!
(2) Geh *doch mal* zum Arzt!
(3) Sollen wir das Auto nehmen?

[21] Zur Unterscheidung von Partikeln und Modalwörtern vgl. Helbig/Buscha 1984, S. 475 ff. und S. 500 ff.

[22] Vgl. dazu im einzelnen Sökeland 1980, S. 76 ff.

(4) Kannst du *denn nicht* das Fenster zumachen?

In Beispiel (1) wird der Sprechhandlungstyp „Befehl" durch den Imperativ angezeigt (sog. Aufforderungssatz); in Beispiel (2) schwächen die Partikeln *doch* und *mal* die Handlungsbedeutung des Imperativs *geh* ab (von Befehl zu Bitte). In Beispiel (3) indiziert die Spitzenstellung des Finitums, die sog. Fragesatzstellung, eine Fragehandlung; Beispiel (4) zeigt, daß die Partikeln *denn* und *nicht* der Äußerung deutlich einen Aufforderungscharakter verleihen; sie sind über den Satztyp (sog. Fragesatz) dominant.

Nach der Untersuchung von W. Sökeland ergibt sich hinsichtlich der Dominanzverhältnisse das folgende generelle Bild: Partikeln, prosodische Merkmale und propositionaler Gehalt sind stärkere sprachliche Indikatoren als die explizit performative Formel und der Satztyp bzw. das Satzmuster; die ersteren zeigen im Falle einer Indikatorenkonkurrenz die tatsächliche illokutive Rolle einer Äußerung an.[23]

Nun ist jede sprachliche Handlung in einen Handlungs- bzw. Situationszusammenhang eingebettet; wir haben deshalb auch Kontextindikatoren (z.B. das jeweilige Rollenverhältnis, den institutionellen Rahmen, das Hintergrundwissen usw.) zu berücksichtigen. In vielen Fällen ist sogar nur aufgrund kontextueller Informationen zu entscheiden, welche konkrete Illokution überhaupt vorliegt. Wenn z. B. ein Dozent zu einem Studenten, der seine Seminararbeit immer noch nicht abgeliefert hat, sagt: *Sie haben lange nichts von sich hören lassen*, so wird nur aufgrund des Kontextes deutlich, daß die Äußerung weniger eine Feststellung als vielmehr eine Mahnung signalisiert. Man kann generell wohl sagen, daß die Kontextindikatoren letztlich über die sprachlichen Indikatoren dominant sind.

Wir haben in diesem und dem letzten Abschnitt einige Grundbegriffe der Sprechakttheorie behandelt. Sie beziehen sich aber auf den Aufbau einfacher (elementarer) sprachlicher Handlungen, auf deren Beschreibung sich die Begründer der Sprechakttheorie im wesentlichen beschränkt haben. Einfache sprachliche Handlungen überschreiten in grammatischer Hinsicht in der Regel nicht den Umfang eines sog. vollständigen Satzes. Es stellt sich nun die Frage, in welcher Form die an einfachen sprachlichen Handlungen gewonnenen Erkenntnisse auf Texte angewandt werden können, die doch nach unserer Definition in der Regel mehr als einen Satz umfassen, also komplexer strukturiert sind.

[23] Vgl. Sökeland 1980, S. 78 ff.

Diese Problemstellung wird in der heutigen textlinguistischen Forschung in unterschiedlicher Weise behandelt. Zu nennen sind hier vor allem das textfunktionale Konzept und die Illokutionsstrukturanalyse, auf die wir zuerst eingehen wollen.

4.2.3. Zur Analyse von Illokutionsstrukturen

Die Illokutionsstrukturanalyse (W. Motsch, D. Viehweger, I. Rosengren u.a.)[24] definiert den Text als hierarchisch strukturierte Abfolge von elementaren sprachlichen Handlungen („illokutive Handlungen" genannt).[25] Die illokutive Handlung gilt als Grundeinheit für die Textkonstitution. „Hierarchisch strukturiert" bedeutet in diesem Zusammenhang, daß zwischen den illokutiven Handlungen mannigfache Unter- und Überordnungsbeziehungen bestehen, wobei in der Regel eine bestimmte illokutive Handlung die übrigen dominiert[26]; diese bezeichnet dann das Gesamtziel des Textes. Die anderen illokutiven Handlungen dienen dazu, diese dominierende illokutive Handlung zu stützen, d.h. ihren Erfolg zu sichern[27]; sie werden „subsidiäre" Illokutionen genannt. „Der Sprecher muß ... seine Gesamthandlung so aufbauen, daß Mißverständnisse, Zurückweisungen und unerwünschte Reaktionen seitens des Hörers nach Möglichkeit vermieden werden ... Die Möglichkeit wird dadurch geschaffen, daß er eine dominierende illokutive Handlung durch subsidiäre stützt ... Dies geschieht auf der Grundlage der Kenntnisse des Systems von Typen illokutiver Handlungen ..."[28]

[24] Vgl. etwa Motsch/Viehweger 1981; Brandt u.a. 1983; Rosengren 1983; Motsch 1986; Motsch 1987; Rosengren 1987; Motsch/Viehweger 1991; Heinemann/Viehweger 1991, S. 54ff.

[25] Motsch (1987, S. 45) versteht „unter einer illokutiven Handlung IH ein Quadrupel mit folgenden Eigenschaften IH = (ä, int, kond, kons)", wobei ä = Äußerung; int = die Absicht des Sprechers, mit ä ein bestimmtes Ziel zu erreichen; kond = eine Menge von Bedingungen, die in der Äußerungssituation erfüllt sein müssen, damit das Ziel erreichbar wird; kons = eine Menge von Konsequenzen, die mit dem Vollzug von IH verbunden sein kann. — Vgl. auch Motsch/Pasch 1987

[26] Es ist natürlich auch die koordinative Verknüpfung von illokutiven Handlungen möglich, bei der die Handlungen eines Textes gleichberechtigt nebeneinander stehen (vgl. Brandt u.a. 1983; Motsch 1987, S. 58). Das zentrale Interesse liegt aber auf der subordinativen Verknüpfung, da sie für die Illokutionshierarchien von Texten konstitutiv ist.

[27] Generelle Erfolgsbedingungen für illokutive Handlungen sind z.B. die Verstehens-, die Akzeptierungs- und die Ausführbarkeitsbedingung (vgl. Motsch 1987, S. 58f.).

[28] Es wird angenommen, daß den Illokutionsstrukturen von Texten Zielhierarchien zugrunde liegen (vgl. etwa Brandt u.a. 1983, S. 112ff.). Motsch (1987, S. 58) verweist

Wir wollen diesen Ansatz an den beiden folgenden (einfachen) Textbeispielen[29] verdeutlichen:

(1) Dort liegt meine Tasche. Kannst du sie sehen? Die hol mir mal!
(2) Du bist sehr erkältet. Geh doch bitte zum Arzt. Er hat seine Praxis ganz in der Nähe.

Nach dem Illokutionsstrukturkonzept ergibt sich (vereinfacht) die folgende Analyse:

In Beispiel (1) folgen die Sprechhandlungen der Feststellung, der Frage und der Aufforderung aufeinander, wobei sich Feststellung und Frage der Aufforderung unterordnen; sie bereiten sozusagen die Aufforderung vor, die der Sprechhandlungssequenz erst ihre kommunikative Funktion verleiht, indem sie die übergreifende Handlungsabsicht des Emittenten darstellt.

In Beispiel (2) liegt die Sprechhandlungsfolge „Feststellung — Bitte — Feststellung" vor. Dominierender Sprechhandlungstyp ist hier die Bitte; sie wird durch die erste Feststellung begründet und durch die zweite spezifiziert, d.h. im Hinblick auf ihre Erfüllbarkeit durch den Angesprochenen genauer bestimmt.

Die Analyse von Illokutionsstrukturen besteht also darin, die illokutiven Handlungen zu segmentieren und die Relationen zwischen diesen Handlungen, etwa bestimmte Arten von Stützungsbeziehungen[30], zu ermitteln. Das führt dann zu einer auch schematisch repräsentierbaren Illokutionshierarchie, in der sich die Handlungsstruktur des Textes manifestiert.

Das Illokutionsstrukturkonzept, das im Rahmen dieser Einführung nur in seinen Grundzügen dargestellt werden kann, wirft eine Reihe von Fragen auf. Wir wollen kurz auf drei Problembereiche eingehen, die für die in diesem Band vertretene textanalytische Konzeption von besonderer Bedeutung sind. Es handelt sich dabei

in diesem Zusammenhang auf die Beschreibung komplexer Handlungen in psychologischen Handlungstheorien, „die Handlungspläne als Strukturen auffassen, in denen Teilhandlungen jeweils so geordnet sind, daß ein Gesamtziel über Teilziele erreichbar wird".

[29] Bisher wurden im Rahmen dieses Ansatzes nur wenige konkrete Analysen zu komplexen Texten vorgelegt; es gibt z.B. Analysen zu einzelnen Texten aus dem Bereich der Feststellungstexte (Motsch 1987), der Anordnungstexte (Viehweger/Spies 1987), der produktbegleitenden Texte (Hensel 1989) und des Geschäftsbriefs (Brandt u.a. 1983).

[30] Vgl. Motsch 1987, S. 60

— um den Zusammenhang von Illokutionsstruktur und syntaktischer Struktur des Textes

Die Illokutionsstrukturanalyse geht von der Voraussetzung aus, daß die Typen illokutiver Handlungen „eine direkte Entsprechung in der Grammatik" haben, d.h. „daß es grammatische Kategorien gibt, die in einer direkten Beziehung zu Typen illokutiver Handlungen stehen", nämlich die sog. Satzmodi (Deklarativsatz, Interrogativsatz und Imperativsatz).[31]

Abgesehen davon, daß hier ein Eins-zu-Eins-Verhältnis zwischen Satzstruktur und illokutionärer Rolle nahegelegt wird, das prinzipiell nicht besteht[32], ist kritisch anzumerken, daß man Sätzen im Grunde nur bei einer isolierten Betrachtung eine illokutive Rolle zuordnen kann. Sind sie in die Ganzheit „Text" integriert, besitzen sie zumeist keine unmittelbare Handlungsqualität; sie erfüllen vielmehr bestimmte textinterne Funktionen, vor allem im Hinblick auf den thematischen Aufbau des Textes (Begründungs-, Spezifizierungsfunktion usw.). Der Handlungscharakter kommt dem Text als Ganzem zu und wird durch die Textfunktion bezeichnet (s. dazu unten Abschnitt 4.3.).

— um den Zusammenhang von Illokutionsstruktur und thematischer Struktur

Die Illokutionsstrukturanalyse versucht, die Textstruktur als Handlungsstruktur in Form von Hierarchien von Sprechhandlungstypen darzustellen. Aufgrund unserer Ausführungen in Abschnitt 3.5. spricht jedoch vieles dafür, die Textstruktur primär als thematische Struktur vor dem Hintergrund bestimmter Grundformen der Themenentfaltung zu beschreiben. Hier sind allerdings noch weitere Klärungen notwendig.

— um den Zusammenhang von Illokutionsstruktur und Gesamtziel bzw. Gesamtfunktion des Textes

[31] Motsch 1987, S. 46ff.; — Die sog. Satzmodi werden durch bestimmte Einstellungen bzw. Einstellungskonfigurationen charakterisiert (Einstellungen, die der Sprecher zum propositionalen Gehalt einer Satzäußerung einnimmt). So ist z.B. mit dem Deklarativmodus die Einstellung des Sprechers verbunden, „von der Existenz eines Sachverhalts ... überzeugt zu sein" (ebd. S. 47).

[32] Vgl. auch Sökeland 1980, S. 12, der — vor dem Hintergrund des Problems der Indirektheit von Sprechhandlungen — an Arbeiten zur Sprechakttheorie kritisiert, daß sie „bisweilen noch von einer Deckung zwischen einer Satzstruktur und einer illokutionären Rolle" ausgingen.

Der Illokutionsstrukturanalyse liegt die Auffassung zugrunde, daß die dominierende illokutive Handlung auf das Globalziel des Textes, also auf seine kommunikative Gesamtfunktion verweist. Ein solcher Zusammenhang darf aber nicht grundsätzlich unterstellt werden, wie leicht an Werbetexten verdeutlicht werden kann.[33] Für die dominierende Gesamtfunktion eines Textes sind vielmehr unterschiedliche Kriterien sowohl innertextlicher als auch außertextlicher (kontextueller) Art konstitutiv (vgl. dazu im einzelnen u. Abschnitt 4.3.2.2.).

Wir kommen damit zum textfunktionalen Ansatz. Für ihn ist der Begriff der Textfunktion grundlegend, der allerdings sprechakttheoretisch fundiert werden muß, um dem Text als komplexer sprachlicher Handlung gerecht zu werden. Wir wollen in den nächsten Abschnitten eine solche Konzeption im Umriß entwickeln.

4.3. Der Begriff der Textfunktion

4.3.1. Textfunktion — wahre Absicht — Textwirkung

Den differenziertesten Ansatz zur Beschreibung von Textfunktionen hat bisher wohl E. U. Große vorgelegt.[34] Im Anschluß an seine Überlegungen kommen wir zu der folgenden Definition: Der Terminus „Textfunktion" bezeichnet die im Text mit bestimmten, konventionell geltenden, d. h. in der Kommunikationsgemeinschaft verbindlich festgelegten Mitteln ausgedrückte Kommunikationsabsicht des Emittenten. Es handelt sich also um die Absicht des Emittenten, die der Rezipient erkennen s o l l, sozusagen um die Anweisung (Instruktion) des Emittenten an den Rezipienten, als was dieser den Text i n s g e s a m t auffassen soll, z. B. als informativen oder als appellativen Text.[35]

Diese Definition der Textfunktion entspricht weitgehend dem sprechakttheoretischen Begriff des illokutiven Akts, indem sie den intentionalen und den konventionellen Aspekt sprachlicher Handlungen in ähnlicher Weise

[33] Etwa an Beispiel (7) in Abschnitt 4.4.3. — Vgl. dazu auch Brinker 1983, S. 141 ff.

[34] Große 1976; vgl. zu diesem Ansatz im einzelnen Brinker 1983

[35] Große definiert „Textfunktion" als „die in einem Text encodierte, sich im Text als Kommunikationsinstrument ausprägende Intention, und zwar — und dies ist sehr wichtig — so, wie der Empfänger sie verstehen soll" (1976, S. 68); die Textfunktion sei als die „Instruktion des Empfängers über den für den jeweiligen Text vom Sender erwünschten Verstehensmodus" zu betrachten (S. 26).

miteinander verknüpft. Wie der illokutive Akt den Handlungscharakter einer Äußerung festlegt, so bestimmt die Textfunktion den Kommunikationsmodus des Textes, d. h. die mit dem Text vom Emittenten dem Rezipienten gegenüber ausgedrückte Art des kommunikativen Kontakts.

Dem illokutiven Akt (bei einfachen Sprechhandlungen) entsprechend ist somit auch die Textfunktion von der „wahren Absicht“ des Emittenten zu unterscheiden. Die wahre Absicht, die „geheime Intention“ — wie E. U. Große sie nennt[36] — kann zwar der Textfunktion entsprechen; sie muß aber nicht mit ihr übereinstimmen. So ist z. B. für eine Zeitungsnachricht die informative Textfunktion kennzeichnend, auch wenn der Emittent insgeheim noch eine persuasive Absicht verfolgt. Für die Bestimmung der Textfunktion ist allein entscheidend, was der Emittent zu erkennen geben will, indem er sich auf bestimmte Regeln (Konventionen) sprachlicher und kommunikativer Art bezieht.[37] Das bedeutet im Fall der Zeitungsnachricht, daß es um „deskriptiven Informationstransfer“ geht. Ob der Rezipient auch die „geheime Intention“ des Emittenten (die nach Große auch unbewußt sein kann) herausfindet, hängt z. B. davon ab, ob im Text selbst bestimmte Indizien für eine solche Absicht vorhanden sind, ob Vergleiche mit verwandten Texten Anhaltspunkte in dieser Richtung liefern oder ob dem Rezipienten noch zusätzliche Informationen über den Emittenten (bzw. über den dargestellten Sachverhalt) zur Verfügung stehen.[38]

Die Textfunktion ist außerdem von der Wirkung abzugrenzen, die der Text auf den Rezipienten ausübt.[39] Wie der perlokutionäre Akt bei einfachen sprachlichen Handlungen, so ist auch die Textwirkung im Unterschied zur Textfunktion nicht konventionalisiert, sei sie nun beabsichtigt oder nicht beabsichtigt.

Wir wollen uns nun fragen: Wie ist die Textfunktion im konkreten Fall textanalytisch zu ermitteln? Lassen sich — in Analogie zu den Illokutionsindikatoren — auch Indikatoren der Textfunktion aufstellen?

[36] Vgl. Große 1976, S. 68 f.
[37] Vgl. auch Motsch 1978, S. 30: „Als Sprecherabsicht wird nur das bezeichnet, was der Sprecher zu erkennen geben will, wobei er sich auf Regeln bezieht, auf soziale Normen für sprachliches Handeln.“
[38] Vgl. Große 1976, S. 68 f.
[39] Vgl. Große 1976, S. 69 ff.

4.3.2. Zur textanalytischen Bestimmung der Textfunktion

4.3.2.1. E. U. Großes Kriterienkatalog

Ein Katalog von Kriterien, der es ermöglichen soll, die Textfunktion im konkreten Fall zu ermitteln, ist bisher nur von E. U. Große entwickelt worden. Großes erstes Kriterium lautet, daß sich die Textfunktion an dem im Text „überwiegenden Typus semantischer Sätze“ erkennen lasse.[40]

Ein „semantischer Satz“ besteht nach Große aus einer „metapropositionalen Basis“ und einer „Proposition“[41]. Mit dem Ausdruck einer metapropositionalen Basis instruiere der Emittent den Rezipienten, wie er die Proposition auffassen solle. Große führt sechs Typen auf, die er als eine „geschlossene Klasse“ betrachtet[42]: (1) „wirklich“ (ICH ASS), (2) „realisierbar“ (ICH APT), (3) „vielleicht möglich“ (ICH POSS), (4) „notwendig“ (ICH NEC), (5) „(vom Sender) gewollt“ (ICH VOL), (6) „(vom Sender) positiv ... oder negativ gewertet“ (ICH AEST). Die Propositionen klassifiziert er nach dem Subjekt des *daß*-Satzes; er erhält so drei Propositionstypen: die ICH-, die DU- und die X-Proposition[43]. Durch Kombination der Propositionstypen mit den metapropositionalen Basen gewinnt er dann die Typen semantischer Sätze, auf die die Textfunktionen bezogen werden.

So zeige z. B. ein häufiges Vorkommen des Typs ICH ASS: X=== (eine mögliche Paraphrase: *Es ist der Fall, daß ...*) an, daß die Textfunktion „Informationstransfer“ dominant sei; überwiege aber der Typ ICH VOL: DU=== (z. B. zu paraphrasieren mit: *Ich will, daß du/ihr/Sie ...*), so herrsche die Textfunktion „Aufforderung“ vor.[44] Große sieht allerdings, daß die Häufigkeit eines bestimmten Typs semantischer Sätze nicht immer eindeutiger Indikator für eine bestimmte Textfunktion ist. So könne z. B. in Texten, denen wir intuitiv einen appellativen Charakter zusprechen (z. B. in Werbetexten), durchaus der Typ ICH ASS: X=== überwiegen. Große führt deshalb als weitere Dominanzkriterien den „Appellfaktor“, das „Präsignal“ und die „Handlungsregeln“ ein. Der Appellfaktor soll sich sprachlich in einer „be-

[40] Große 1976, S. 72, S. 116
[41] Vgl. Große 1976, S. 14 ff.
[42] Vgl. Große 1976, S. 45 ff.
[43] Vgl. Große 1976, S. 17. — Große wählt dafür die Symbolgruppen Ich===, DU===, X===, wobei die Anfangssymbole auf die Subjekte (1., 2., 3. Person) und die folgenden Symbole auf den Rest der Proposition hinweisen.
[44] Vgl. Große 1976, S. 57 f.

sonderen Häufigkeit wertender Wörter und Wendungen" sowie in der „Häufigkeit rhetorischer Figuren" ausdrücken.[45] Er verleiht — so meint Große — den Sätzen eine „persuasive Bedeutung" (Textfunktion: „Aufforderung"). Nur durch die Einführung des Appellfaktors sei es möglich, „viele dominant werbende (persuasive) Texte von dominant sachinformierenden Texten" zu unterscheiden.[46] Als „Präsignale" fungieren vorangehende Titel oder „Gattungsbezeichnungen" wie „Gesetz", „Satzung", „Kochbuch" usw. „Die Präsignale haben ... eine nicht zu unterschätzende Bedeutung, weil sie den Empfänger sogleich über die Funktion ... des Textes orientieren".[47] Schließlich nennt Große noch die „Handlungsregeln"[48]; sie werden als „soziale Regeln" bestimmt, die „überpersonal, intersubjektiv in der Gruppe und/oder Gesellschaft" gelten. „Im Zweifelsfall wird die Textfunktion erst durch ... nur von der Pragmatik erfaßbare Handlungsregeln vollständig bestimmt und verstehbar." Große geht auf diese Regeln aber nicht weiter ein, da er von ihnen bei der Bestimmung der Textfunktion eines konkreten schriftlichen Textes „im Normalfall" abstrahieren zu können glaubt.

Die aufgeführten Kriterien gelten als die Komponenten der Textfunktion; sie werden in der folgenden Konstituentenformel zusammengefaßt[49]: Textfunktion = (± Handlungsregeln) (± Präsignal) (± Appellfaktor) + metapropositionale Basis + Propositionstyp (die Voranstellung soll jeweils Überordnung bedeuten).

Problematisch an Großes Ansatz zur Operationalisierung der Textfunktion ist vor allem die quantitativ-statistische Fassung des Dominanzbegriffs; sie drückt sich darin aus, daß bereits die Vorkommenshäufigkeit bestimmter Typen semantischer Sätze oder bewertender Textelemente als ein grundlegender Indikator für dominante Textfunktionen angesehen wird. Ein solcher Ansatz führt aber leicht zu einer isolierenden Betrachtung einzelner Ausdrücke ohne Berücksichtigung ihres textuellen Zusammenhangs. Das gilt insbesondere für die Konzeption des Appellfaktors. Ein häufiges Vorkommen (positiv oder negativ) bewertender sprachlicher Formen ist nicht immer ein Indiz für die appellative (persuasive) Textfunktion. Auch in Texten mit dominant informativer oder kontaktspezifischer Funktion (etwa in Rezensionen oder Dank-

[45] Große 1976, S. 18
[46] Große 1976, S. 18 f.
[47] Große 1976, S. 21
[48] Große 1976, S. 22 ff. (das folgende Zitat S. 24)
[49] Vgl. Große 1976, S. 28 f., S. 116

sagungen) sind sprachliche Bewertungen und rhetorische Figuren durchaus nicht selten.[50] So heißt es z. B. in der Besprechung eines Konzertabends:

> „Wer im Alter von 19 Jahren Regers sehr schwierige d-Moll-Cello-Suite so souverän bewältigt wie Christiane Peters im Hauskonzert der Oscar-und-Vera-Ritter-Stiftung, der darf hoffnungsvoll in die Zukunft sehen. Scheinbar mühelose Grifftechnik, leucht-kräftige Tongebung und Intonationssicherheit — schon dies nahm auf Anhieb für die junge Geringas-Schülerin ein ...
>
> Der zweite Teil des Abends gehörte den 17- und 18jährigen Geschwistern Erdmute und Donata Dörfel. Donata blies alte und neue Blockflötenmusik so beseelt, so sauber in der Artikulation und nicht zuletzt mit solch stupender Fingerfertigkeit, daß sie auch „Verächter" des Blockflötenspiels für ihr Instrument hätte gewinnen müssen ..."
>
> (aus: Hamburger Abendblatt v. 15. 12. 1982)

Trotz der besonderen Häufigkeit (positiv) wertender Wörter und Wendungen sowie rhetorischer Figuren (z. B. der Anapher, der Antithese, der Klimax usw.) sprechen wir dem Text keine appellative, sondern eine informative Funktion zu: Der Emittent (Rezensent) teilt uns seine Bewertung eines Ereignisses mit (sog. Einstellungsinformation).[51]

Die bloße Häufigkeit sprachlicher Einheiten und Strukturen ist somit kein geeignetes Kriterium zur Bestimmung von Textfunktionen; eine solche Betrachtungsweise operiert zu sehr an der Textoberfläche.

4.3.2.2. Indikatoren der Textfunktion

Im Unterschied zu Große knüpfen wir an das sprechakttheoretische Konzept der Illokutionsindikatoren an. Wir gehen aber nicht so vor, daß wir den einzelnen Sätzen bzw. Propositionen des Textes bestimmte illokutive Rollen zuschreiben und die Textfunktion dann von den einzelnen illokutiven Typen her aufzubauen versuchen. Ein solches Verfahren ist aus den in Abschnitt 4.2.3. dargelegten Gründen problematisch.

Wir gehen davon aus, daß die Textfunktion durch bestimmte innertextliche (vor allem sprachliche) und außertextliche (kontextuelle) Mittel angezeigt wird, die wir — in Analogie zu den Illokutionsindikatoren bei einfachen Sprechhandlungen — „Indikatoren der Textfunktion" nennen.

[50] Vgl. Brinker 1983, S. 135; Dimter 1981, S. 25

[51] „Der Sprecher will mitteilen, welche Gefühle und Einstellungen er gegenüber dem Objekt der Bewertung hat" (Zillig 1982, S. 304).

Wir unterscheiden drei Grundtypen solcher Indikatoren:

1. Sprachliche Formen und Strukturen, mit denen der Emittent die Art des intendierten kommunikativen Kontakts dem Rezipienten gegenüber explizit zum Ausdruck bringt (z. B. durch explizit performative Formeln und äquivalente Satzmuster). Wird die Textfunktion auf diese Weise indiziert, sprechen wir von „direkter" Signalisierung der Textfunktion.

2. Sprachliche Formen und Strukturen, mit denen der Emittent — explizit oder implizit — seine Einstellung zum Textinhalt, insbesondere zum Textthema ausdrückt.

Der Emittent kann sich z. B. über die Wahrheit oder Wahrscheinlichkeit des Textinhalts äußern (*wissen, glauben, zweifeln*) und den Sicherheitsgrad seines Wissens angeben (*tatsächlich, bestimmt, offensichtlich, vielleicht, keineswegs*); er kann seine (positive und negative) Wertung (*für gut halten, schlecht finden*), den Grad seines Interesses (*wünschen, beabsichtigen, wollen, vorziehen*) oder seine psychische Haltung (*bedauern, erfreut sein*) gegenüber dem Textinhalt (bzw. dem Textthema) signalisieren. Unter Anknüpfung an den Begriff der propositionalen Einstellung in der Sprechakttheorie können wir von „thematischen Einstellungen" sprechen.[52]

Von besonderer Bedeutung für die Textanalyse ist die wertende (evaluative) Einstellung, da sie die zentrale Kategorie für die Analyse von textuellen Bewertungen darstellt. Die evaluative Einstellung ist implizit auch in anderen thematischen Einstellungen enthalten (z.B. in den verschiedenen Formen der interessebezogenen Einstellung oder in der emotiven, d.h. den Gefühlszustand ausdrückenden Einstellung).

Was nun den Zusammenhang von Textfunktion und thematischer Einstellung betrifft, nehmen wir an, daß Textfunktionen und thematische Einstellungen insofern aufeinander bezogen sind, als sich bestimmte Einstellungen mit bestimmten Textfunktionen leichter (oder schwerer) verbinden lassen als mit anderen. Allerdings sind diese Zusammenhänge im einzelnen noch nicht erforscht, so daß wir nicht viel darüber sagen können. Man darf aber nicht davon ausgehen, daß zwischen Textfunktionen und thematischen Einstellungen prinzipiell ein 1:1-Verhältnis besteht (s. dazu die folgenden Abschnitte). Wir betrachten die thematischen Einstellungen deshalb auch nicht als ein-

[52] Zu den Typen propositionaler Einstellung vgl. Wunderlich 1976, S. 73 f. und S. 306 ff.; vgl. auch die „metapropositionalen Basen" Großes (s. dazu o. Abschn. 4.3.2.1.).

deutige Indikatoren der Textfunktion. Sie zeigen zumeist nur in Verbindung mit bestimmten Kontextindikatoren eine bestimmte Textfunktion an. Wir sprechen in diesen Fällen von „indirekter" Signalisierung der Textfunktion.[53]

3. Kontextuelle Indikatoren wie der situative, insbesondere der institutionelle Rahmen des Textes bzw. der gesellschaftliche Handlungsbereich[54], dem der Text zugeordnet ist, das vorausgesetzte Hintergrundwissen (z. B. über den Textinhalt) usw.

Dem Kontext kommt eine fundamentale Bedeutung für die kommunikativ-funktionale Interpretation von Texten zu. Weist der Text nämlich keine expliziten sprachlichen Indikatoren auf, oder enthält er konkurrierende sprachliche Indikatoren, d. h. Indikatoren, die auf verschiedene kommunikative Funktionen hindeuten, so läßt sich letztlich nur aufgrund von Kontextindikatoren bestimmen, welche Textfunktion tatsächlich vorliegt. Gerade die Möglichkeit der Indikatorenkonkurrenz zeigt deutlich, daß die Ermittlung der Textfunktion nicht allein aufgrund sprachlicher Kriterien (wie sie unter 1. und 2. aufgeführt sind) erfolgen kann, sondern daß die kontextuelle Analyse prinzipiell den Ausschlag gibt.

Wir wollen das an dem folgenden Geschäftsbrief verdeutlichen:

> Sehr geehrter Herr B.,
> wir danken Ihnen für den uns erteilten Auftrag und sichern Ihnen die Fertigstellung der Arbeiten zum 30. d. M. verbindlich zu.
> Mit freundlichen Grüßen
> Fa. A.

Der Text enthält zwei explizit performative Formeln (*wir danken Ihnen — wir sichern Ihnen verbindlich zu*), die auf verschiedene kommunikative Funktionen verweisen, auf die Kontaktfunktion einerseits, auf die Obligationsfunktion andererseits (s. dazu im einzelnen Abschnitt 4.4.5. und 4.4.4.).

Aufgrund des Kontextes, insbesondere der Zugehörigkeit des Textes zum Handlungsbereich „Geschäftsverkehr" läßt sich der Handlungscharakter des

[53] Wenn die thematische Einstellung auch kein eindeutiger Indikator der Textfunktion ist, so beeinflußt sie aber oft die Ausprägung der Textfunktion (man könnte sie einen funktionspräzisierenden bzw. funktionsmodifizierenden Indikator nennen). Vgl. dazu im einzelnen Brinker 1994 (mit Beispielanalyse).

[54] Ermert (1979, S. 75 ff.) unterscheidet z. B. nach der Art des Rollenverhältnisses zwischen dem privaten und dem offiziellen Handlungsbereich, für die jeweils verschiedene Grade von Verbindlichkeit konstitutiv sind. — Vgl. dazu auch u. Abschnitt 5.4.2.

Textes als „Auftragsbestätigung mit Termingarantie" kennzeichnen. Als Indikator der Textfunktion fungiert in erster Linie die Formel *wir sichern Ihnen verbindlich zu*, mit der der Emittent dem Rezipienten zu verstehen gibt, daß er ihm gegenüber eine bestimmte, innerhalb des Handlungsbereichs rechtlich genau fixierte Obligation übernimmt. Die Textfunktion, d. h. die dominierende kommunikative Funktion dieses Textes, ist also die Obligationsfunktion. Demgegenüber ist die Formel *wir danken Ihnen* kein Indikator der Textfunktion, da die Kontaktfunktion in diesem Handlungszusammenhang von recht untergeordneter Bedeutung ist; sie fungiert vielmehr als eine den Adressatenbezug intensivierende Zusatzfunktion.[55]

Es sollen nun einige textuelle Grundfunktionen im einzelnen behandelt werden, wobei wir auf die vielfältigen Ausprägungen (Varianten) dieser Grundfunktionen in konkreten Texten oder Textsorten im Rahmen dieses Bandes nur sporadisch eingehen können.

4.4. Textuelle Grundfunktionen

4.4.1. Bisherige Klassifikationsansätze

Fast alle bisher vorgelegten Ansätze zur Unterscheidung von Textfunktionen knüpfen in irgendeiner Form an das Organon-Modell von K. Bühler[56] an. Bühler betrachtet die Sprache als „Werkzeug", mittels dessen der Emittent mit dem Rezipienten über Dinge in der Welt kommuniziert. Sprachliche Zeichen fungieren damit gleichzeitig als „Symbol" für Gegenstände und Sachverhalte der Wirklichkeit (= Darstellungsfunktion), als „Symptom" der Innerlichkeit des Emittenten (= Ausdrucksfunktion) und als „Signal", indem sie an den Rezipienten appellieren (= Appellfunktion).

In engem Anschluß an diese Aufteilung unterscheiden z. B. E. Gülich und W. Raible zwischen „Ausdrucks-", „Darstellungs-" und „Appellfunktion".[57]

[55] Es geht in diesem Band nur um die Bestimmung der Textfunktion. Auf die Relationen zwischen der Textfunktion und untergeordneten Funktionen (wir wollen sie „Zusatzfunktionen" nennen) können wir hier nicht näher eingehen. Vgl. Möhn 1991, der im Zusammenhang mit Instruktionstexten von einer „Komplementärfunktion ‚kontaktiv'" spricht.

[56] Bühler 1934, S. 28 ff.

[57] Vgl. Gülich/Raible 1975, S. 152; zu weiteren Ansätzen (z. B. Ermert 1979, S. 68 ff.; Dimter 1981, S. 52 ff.) vgl. Brinker 1983, S. 131, Anm. 5

Auch Großes Klassifikationsansatz baut auf dem Modell Bühlers auf, modifiziert es aber erheblich. Große unterscheidet zunächst zwischen „normativen" Textfunktionen, „die verbindliche Interaktionsregelungen signalisieren", und „nicht-normativen" Textfunktionen.[58] Diese Einteilung begründet er mit der „überragenden Bedeutung der Regeln für das menschliche nichtsprachliche und sprachliche Handeln". Die normativen Funktionen (charakteristisch für Gesetze, Satzungen, Verträge, Vollmachten usw.) gliedert er in die legislative, die proklamatorische, die zertifikatorische, die prokuratorische, die selbstverpflichtende, die vereinbarende und die deklaratorische Funktion auf.[59] Die nicht-normativen Funktionen werden in Anlehnung an Bühlers Kommunikationsmodell „nach ihrem referentiellen Personenbezug" (Ich-, Du-, X-Bezug) definiert.[60] Große gewinnt so die unipersonalen Funktionen „Selbstdarstellung" (z. B. charakteristisch für Tagebücher und Autobiographien), „Aufforderung" (kennzeichnend für Werbetexte, Zeitungskommentare, Propagandatexte usw.) und „Informationstransfer" (grundlegend für Nachrichten, Berichte, Beschreibungen, wissenschaftliche und populärwissenschaftliche Texte usw.) sowie die pluripersonalen Funktionen „Kontaktfunktion" (dominant in Glückwunsch- und Kondolenzschreiben) und „gruppenindizierende Funktion" (z. B. in Gruppenliedern wie der Marseillaise).

Große nennt die Textfunktionen „generalisierte Formen illokutiver Akte"[61], ohne genauer zu explizieren, was damit gemeint ist. Die Kennzeichnung deutet aber auf Klassifikationen illokutiver Typen hin, wie sie innerhalb der Sprechakttheorie entwickelt wurden. Es gibt hier verschiedene Ansätze; unter ihnen ist die Klassifikation Searles[62] nicht nur die bekannteste, sondern sie gilt unter den gegenwärtig verfügbaren Klassifikationen auch als „die beste", wenn sie auch nicht unumstritten ist und die allgemeinen Bedingungen für Klassifikationen (Vollständigkeit, Disjunktivität, Homogenität usw.) nur unzureichend erfüllt.[63] Searle unterscheidet fünf Illokutionsklassen:

— Repräsentative (z. B. Feststellung, Behauptung, Vorhersage, Explikation, Diagnose, Beschreibung)

[58] Große 1976, S. 28
[59] Vgl. Große 1976, S. 58 ff.
[60] Vgl. Große 1976, S. 30 ff., S. 57 f.
[61] Große 1976, S. 70
[62] Vgl. Searle 1975, dt. Übers. S. 17—50
[63] Vgl. Ballmer 1979, S. 247—274 (Zitat S. 273)

— Direktive (z.B. Anordnung, Befehl, Bitte, Weisung, Gebet, Antrag, Gesuch, Ratschlag, Empfehlung, Vorschlag usw.)

— Kommissive (z.B. Versprechen, Gelübde, Gelöbnis, Drohung, Wette, Vertrag, Garantie usw.)

— Expressive (z.B. Dank, Glückwunsch, Entschuldigung, Beileidsbezeugung, Klage, Willkommensheißung, Gruß usw.)

— Deklarative (z.B. Ernennung, Kriegserklärung, Trauung, Schenkung, Kündigung, Entlassung, Vermächtnis, Exkommunikation usw.)

Searles Klassifikation basiert auf unterschiedlichen Kriterien, von denen die beiden folgenden wohl als die wichtigsten anzusehen sind[64]:

a) der illokutionäre Zweck („illocutionary point") der Sprechhandlung, d.h. die kommunikative Absicht, die ein Sprecher mit seiner Äußerung verfolgt („was der Sprecher mit seiner Äußerung leisten möchte"). Unter diesem Kriterium kommt Searle zu folgenden Charakterisierungen für die einzelnen Kategorien[65]:

— Repräsentative: einen Sachverhalt (wahr oder falsch, richtig oder unrichtig) darstellen

— Direktive: Der Hörer soll dazu bewegt werden, etwas zu tun.

— Kommissive: Der Sprecher verpflichtet sich zu einer zukünftigen Handlung, legt sich auf ein bestimmtes Verhalten fest.

— Expressive: Ausdruck einer psychischen Einstellung des Sprechers zu dem Sachverhalt, der in der Proposition gekennzeichnet ist.

— Deklarative: Der gelungene Vollzug führt zur Übereinstimmung zwischen dem propositionalen Gehalt und der Wirklichkeit. Die Deklarative „führen allein kraft des Umstands, daß sie erfolgreich vollzogen wurden,

[64] Vgl. Searle 1975, dt. Übers. S. 17ff. — Als drittes wesentliches Kriterium führt Searle noch die psychischen Zustände („psychological states") des Sprechers an, die in den Sprechhandlungen jeweils ausgedrückt werden (z.B. glauben, wünschen, bedauern usw.). Dieses Kriterium entspricht etwa dem in Abschnitt 4.3.2.2. behandelten Begriff der propositionalen bzw. thematischen Einstellung. — Auf die übrigen neun Kriterien, die Searle noch angibt, brauchen wir in unserem Zusammenhang nicht weiter einzugehen. — Zur Kritik an der Klassifikation Searles vgl. Ballmer 1979 und Harras 1983, S. 208ff.

[65] Vgl. dazu Searle 1973, S. 116ff. (das vorstehende Zitat S. 116); Searle 1975, dt. Übers. S. 31ff.

eine Änderung im Status oder der Lage desjenigen Gegenstands (bzw. derjenigen Gegenstände) herbei, über den (bzw. die) gesprochen wird. Dieses Merkmal von Deklarationen unterscheidet sie von den anderen Kategorien."[66] Sie nehmen auch insofern eine gewisse Sonderstellung ein, als sie in der Regel in festen, ritualisierten Wendungen im Rahmen von Institutionen vollzogen werden. Beispiel: *Sie sind hiermit von der Anklage freigesprochen.* Eine bestimmte institutionelle Tatsache (Freispruch von der Anklage) wird dadurch herbeigeführt, daß ein Vertreter der entsprechenden Institution (Richter) erklärt, daß eben diese Tatsache besteht.[67]

b) die Entsprechungsrichtung („direction of fit") zwischen dem Inhalt der Äußerung (den Wörtern) und den Tatsachen (der Welt).

Während bei den Repräsentativen die Wörter der Welt entsprechen sollen, ist bei den Direktiven und Kommissiven die Welt so zu verändern, daß sie zu den Wörtern paßt. Bei den Expressiven besteht nach Searle keine Zuordnungsrichtung zwischen Welt und Wort; die Wahrheit der Proposition wird als selbstverständlich vorausgesetzt (etwa bei der Äußerung *Ich gratuliere dir zum Geburtstag* die Tatsache, daß der Angesprochene Geburtstag hat).

Bei den Deklarativen stimmen — wie bereits ausgeführt wurde — Wörter und (institutionelle) Tatsachen überein; die Ausrichtung ist sowohl „Wort-auf-Welt" als auch „Welt-auf-Wort". „Der Vollzug einer Deklaration bringt durch nichts anderes als durch seinen Erfolg zustande, daß Wörter und Welt zueinander passen."[68]

Es wird deutlich, daß auch in Searles Illokutionstypologie die Bühlerschen Grundfunktionen übernommen sind; die Klassen der Repräsentative, der Expressive und der Direktive entsprechen etwa den Sprachfunktionen „Darstellung", „Ausdruck" und „Appell".

Gegen alle auf Bühler basierenden Klassifikationen ist einzuwenden, daß sie insofern nicht ganz homogen sind, als die Einteilung — sprachtheoretisch gesehen — auf unterschiedlichen Kriterien beruht.[69] Während z. B. die Appell-

[66] Searle 1975, dt. Übers. S. 36 f.

[67] Vgl. Hindelang 1983, S. 48

[68] Searle 1975, dt. Übers. S. 37

[69] Vgl. auch Frier 1979, S. 12, der darauf hinweist, daß „bei einer strikten Orientierung am Organon-Modell zwei verschiedene Begründungen der Klassifikation" entstehen (Referenzarten bei der Ausdrucks- und Darstellungsfunktion versus Beziehungsaspekt bei der Appellfunktion). — In diese Richtung zielt auch der erste Ein-

funktion und die Kontaktfunktion auf der kommunikativ-funktionalen Ebene definiert sind (Art der kommunikativen Beziehung des Emittenten zum Rezipienten), werden die Darstellungsfunktion und die Ausdrucks- bzw. Selbstdarstellungsfunktion auf der thematischen Ebene aufgrund verschiedener Referenzarten bestimmt; bei der Funktion „Selbstdarstellung" handelt es sich um eine Thematisierung der Person des Emittenten selbst, bei der Darstellungsfunktion geht es um die Thematisierung von Sachverhalten. In diesen Fällen liegt aber — kommunikativ-funktional gesehen — entweder eine informative oder eine appellative Textfunktion zugrunde.

Mit der gruppenindizierenden Funktion kommt dann noch ein anderes Kriterium ins Spiel. Große bezeichnet sie als einen „Sonderfall", da sie „zugleich eine Funktion des Codes (genauer: des Subcodes) selbst" darstelle.[70] Die Markierung der Gruppenzugehörigkeit gehört aber im Grunde nicht zu den Textfunktionen (im definierten Sinn); sie findet sich zwar in vielen Texten (wie Große selbst anmerkt); diese Texte haben aber in der Regel einen dominant appellativen Charakter.

Wieder anders definiert ist die normative Funktion; normative Texte sprechen nach Große „explizit bindende Regeln des Verhaltens und Geltens" aus.[71] Dem für die Abgrenzung der normativen Textfunktion konstitutiven Merkmal „bindend" ist aber ein anderer theoretischer Status zuzusprechen als den auf Kommunikationsabsichten des Emittenten bezogenen funktionalen Kategorien (wie etwa Informieren oder Appellieren). Das Kriterium „bindend" bezieht sich primär auf die rechtliche Geltung (bzw. Wirkung) eines Textes im gesellschaftlichen Kontext und kann sich mit verschiedenen kommunikativen Funktionen verbinden (neben der kommissiven und der deklarativen Funktion im Sinne Searles auch mit der Appellfunktion). Ob ein Text (im rechtlichen Sinn) „bindend" ist oder nicht, wird wesentlich durch die soziale Situation (Rollenverhältnis; offizieller oder privater Handlungsbereich u. ä.) bestimmt. So handelt es sich bei der Äußerung *Lesen Sie bitte den Brief!* um eine bindende Aufforderung (Weisung), wenn sie in einem rechtlich-situativen Kontext (mit hierarchischen Rollenbeziehungen zwischen Emittent

wand („Willkürlichkeit der Formulierung illokutionärer Zwecke"), den Harras (1983, S. 208 f.) gegen Searles Klassifikation erhebt (im Anschluß an Ballmer 1979, S. 249).

[70] Große 1976, S. 37

[71] Große 1976, S. 29

und Rezipient) vorkommt, während die gleiche Äußerung in einem anderen Zusammenhang durchaus eine (symmetrische) Bitte ausdrücken kann.[72]

Im Unterschied zu den besprochenen Klassifikationsansätzen soll unsere Abgrenzung von Textfunktionen auf einem einheitlichen Kriterium beruhen, und zwar auf der Art des kommunikativen Kontakts, den der Emittent mit dem Text dem Rezipienten gegenüber zum Ausdruck bringt. Es läßt sich dadurch eine homogenere Klassifikation erreichen. Als Basis für unsere Einteilung wählen wir die Illokutionstypologie Searles, modifizieren sie aber im Hinblick auf die Kategorien „Repräsentativ" und „Expressiv", die — wie bereits ausgeführt wurde — bei Searle primär aufgrund verschiedener Referenzarten definiert und somit nicht deutlich genug auf das interaktive Moment bezogen sind. Wir führen statt dessen eine Informations- und eine Kontaktfunktion ein[73] (die in ähnlicher Form auch in der Klassifikation Großes vorkommen).

Unter dem kommunikativ-funktionalen Aspekt der interpersonalen Beziehung kommen wir dann zu der folgenden Aufstellung textueller Grundfunktionen[74]:

— Informationsfunktion
— Appellfunktion
— Obligationsfunktion
— Kontaktfunktion

[72] Vgl. dazu Hindelang 1978, S. 188, und 1983, S. 53 ff.; Hindelang unterscheidet zwischen bindenden und nichtbindenden Aufforderungen (vgl. etwa Weisung, Anordnung, Auftrag, Gesetz gegenüber Bitte, Ratschlag, Tip, Vorschlag, Anleitung).

[73] Damit ist natürlich nicht gesagt, daß a l l e repräsentativen Sprechakte im Sinne Searles eine Informationsfunktion und a l l e expressiven Sprechakte eine Kontaktfunktion haben; sie können auch andere kommunikative Funktionen realisieren. — Vgl. zur Informationsfunktion der Repräsentative Wunderlich 1976, S. 173 ff. — Expressive Sprechakte können auch eine appellative oder eine informative Funktion haben. Lediglich die Deklarative sind unter dem Aspekt der interpersonalen Beziehung insofern als Sonderfall zu betrachten, als sie primär auf eine Veränderung der Welt gerichtet sind (vgl. Harras 1983, S. 209).

[74] Vgl. auch Brinker 1983, S. 139 f. — Die vorgeschlagene Einteilung der Textfunktionen hat inzwischen Eingang gefunden in die 5. und 6. Aufl. der Duden-Grammatik (1995, S. 810 f.; 1998, S. 840 ff.). Auch Rolf (1993, S. 65 ff.) geht von dieser Konzeption aus, modifiziert aber vor dem Hintergrund von Searle/Vanderveken (1985) die definitorischen Bestimmungen zu einigen Funktionstypen (insbesondere zur Appell- und Kontaktfunktion) und übernimmt Searles Bezeichnungen für die Illokutionsklassen (assertiv, direktiv, kommissiv, expressiv, deklarativ).

— Deklarationsfunktion

In den folgenden Abschnitten wollen wir diese Textfunktionen genauer beschreiben.[75]

4.4.2. Die Informationsfunktion

Der Emittent gibt dem Rezipienten zu verstehen, daß er ihm ein Wissen vermitteln, ihn über etwas informieren will.[76]

Die Informationsfunktion läßt sich durch die folgende Paraphrase explizit machen:

Ich (der Emittent) informiere dich (den Rezipienten) über den Sachverhalt X (Textinhalt).

In direkter Perspektive kann die informative Textfunktion indiziert werden durch explizit performative Formeln mit den Verben *informieren, mitteilen, melden, eröffnen, berichten, benachrichtigen, unterrichten* usw.

Die Informationsfunktion verbindet sich häufig mit thematischen Einstellungen, die sich auf den Sicherheitsgrad, den Wahrscheinlichkeitswert des Wissens beziehen, das der Emittent von der Wahrheit des Textinhalts besitzt (bzw. zu besitzen vorgibt). So kann der Emittent den thematisierten Sachverhalt als tatsächlich, als mehr oder weniger wahrscheinlich oder als nicht gegeben darstellen. Wir wollen diese thematischen Einstellungen durch folgende explizierende Paraphrasen verdeutlichen[77]:

Ich (der Emittent) weiß/mir ist bekannt, daß ...
Es ist der Fall (ist wahr/steht fest usw.), daß ...
Es ist wahrscheinlich (möglich/unwahrscheinlich usw.), daß ...
Es trifft nicht zu, daß ...
usw.

Der Emittent kann die Sicherheit seines Wissens auf vielfältige Weise einschränken, z. B. durch Angabe der Quellen oder durch die Verwendung von Modalverben (*sollen, wollen* usw.), Modalwörtern (*offenbar, vermutlich, wahrscheinlich, bestimmt* usw.) und anderen sprachlichen Mitteln.

[75] Zu ergänzen wäre noch die sog. poetische (ästhetische) Funktion, die in literarischen Texten dominiert und primär Gegenstand literaturwissenschaftlicher Untersuchungen ist (vgl. dazu Große 1976, 40 ff.).

[76] Vgl. dazu auch Dimter 1981, S. 63 f.

[77] Vgl. auch Große 1976, S. 76 ff. („Assertionssignale"), S. 79 ff. („Vermutungssignale")

Beispiele aus Zeitungsnachrichten:

(1) Die Initiative „Kein Atommüll in Würgassen" *will nach eigenen Angaben ermittelt haben*, daß bei dem Betriebsunfall im Kernkraftwerk Würgassen (Weser) 14 Arbeiter mit Radioaktivität in Berührung gekommen sind.

(aus: Hamburger Abendblatt vom 30. 8. 82)

(2) Im Bremer Krankenhaus „Links der Weser" hat eine Hamburger Hausfrau Fünflinge zur Welt gebracht — drei Mädchen und zwei Jungen. Eines der Mädchen starb. Die anderen Kinder, die je knapp 750 Gramm *wiegen sollen*, liegen im Brutkasten.

(aus: Hamburger Abendblatt vom 9. 6. 80)

(3) Die US-Regierung prüft *offenbar* die Möglichkeit, in der Auseinandersetzung mit ihren europäischen Verbündeten über das Erdgas-Röhren-Embargo einzulenken.

(aus: Hamburger Abendblatt vom 30. 8. 82)

(4) Christoph von Dohnanyi und seine Familie werden sich *vermutlich* in Clevelands Prominentenvorort Shaker Heights niederlassen ...

(aus: Hamburger Abendblatt vom 12. 8. 82)

In dieser Ausprägung ist die Informationsfunktion charakteristisch für die Textsorten „Nachricht" (Zeitung, Rundfunk, Fernsehen), „Bericht" und „Beschreibung" mit ihren verschiedenen Unterklassen, „Untersuchungsbefund", „Sachbuch" usw.

Die informative Textfunktion kann sich aber auch mit der „evaluativen" Einstellung (*etwas gut/schlecht finden*) verbinden. Der Emittent gibt dem Rezipienten dann seine (positive bzw. negative) Bewertung eines Sachverhalts kund (ohne ihn in seiner Haltung beeinflussen zu wollen!).[78] Diese thematische Einstellung ist kennzeichnend für die Textsorten „Gutachten", „Rezension", „Leserbrief" usw.

Als explizierende Paraphrasen können wir anführen:

Ich (der Emittent) werte/empfinde als positiv/negativ, daß ...
Es ist positiv/negativ, daß ...

Beispiel aus einer Buchbesprechung:

(5) Eine sprachlich differenzierte Prosa bietet dieses (schludrig lektorierte) Buch nicht; es liefert jedoch etliche Informationen über einen bei uns fast unbekannten Kontinent.

(aus: Die Zeit vom 21. 11. 80)

In expliziter Form:

[78] Vgl. dazu o. Anm. 51; vgl. auch Dimter 1981, S. 63

[Ich (der Kritiker) informiere dich (den Leser) darüber, daß:]

Ich werte als negativ, daß dieses Buch keine sprachlich differenzierte Prosa bietet (und daß es schludrig lektoriert ist);
ich werte als positiv, daß es etliche Informationen … liefert.

Es gibt eine große Anzahl sprachlicher Möglichkeiten, um Bewertungen (wertende Stellungnahmen) auszudrücken.[79] So kann man etwas gut, schlecht, überraschend, normal, erfreulich, ärgerlich, bedauerlich, richtig, falsch, klug, dumm, leicht, schwer, übertrieben, interessant usw. finden; man kann etwas begrüßen, etwas verurteilen, auf etwas stolz sein, über etwas befriedigt sein usw.

Die informative Textfunktion ist also sowohl mit einer sachbetonten als auch mit einer meinungsbetonten sprachlichen Darstellung kompatibel. Es handelt sich dabei aber zumeist nicht um ein klares Entweder-Oder, sondern um die Dominanz des einen oder des anderen Prinzips. Wir können das an der Rundfunknachricht verdeutlichen, die wir in Abschnitt 3.5.1. behandelt haben (Text 2).

Die Darstellung der Rundfunknachrichten ist sachbetont, d. h., der Emittent vermeidet explizite sprachliche Bewertungen und Gefühlsappelle; er teilt den Sachverhalt lediglich mit; er drückt weder eine wertende Stellungnahme aus, noch versucht er, das Thema in einen größeren politisch-gesellschaftlichen Zusammenhang einzuordnen. Diese „neutrale" Darstellungsweise kommt in unserem Text vor allem darin zum Ausdruck, daß die spezifizierenden Teile in der grammatischen Form der indirekten Rede wiedergegeben werden. Durch die Wahl des Konjunktivs signalisiert der Emittent, daß er keine Gewähr für die Richtigkeit übernimmt, sondern die Verantwortung für das Gesagte ausdrücklich dem Sprecher (hier: Kohl) überläßt (sog. referierender Konjunktiv).[80]

Das für Nachrichten verbindliche Prinzip der sachbetonten Darstellung bedeutet allerdings nicht, daß Nachrichtentexte völlig frei von Bewertungen sind. So stellt sowohl die Auswahl der Nachrichten aus dem jeweils vorliegenden Nachrichtenmaterial als auch ihre Anordnung in der Nachrichtensendung (notwendigerweise) eine Wertung dar.[81] Auch kann die Art der Formu-

[79] Vgl. auch Große 1976, S. 82 ff., der die wichtigsten Kategorien der wertenden Stellungnahme und ihre sprachlichen Formen aufführt.

[80] Terminus nach Glinz 1975, S. 110

[81] Vgl. dazu Dovifat/Wilke 1976, S. 81 ff., wo die subjektiven Beeinflussungen, denen die Berichterstattung unterliegt, im einzelnen behandelt werden.

lierung — sei es bewußt oder unbewußt — eine bestimmte Bewertung implizieren oder suggerieren.

In diesem Zusammenhang ist Segment 2 unseres Textes interessant: *Sie* (die CDU) *verweigert sich damit der von Franz Josef Strauß befürworteten Linie.* Dieser thematische Aspekt wird in der Fernsehsendung vom gleichen Tage (Tagesschau, 20 Uhr) so formuliert: *Die CDU will die vom CSU-Vorsitzenden Strauß geforderte generelle Ablehnung des Sparpakets der Bundesregierung nicht mittragen.* Im „Hamburger Abendblatt" vom 31. 8. heißt es ähnlich: *Die von dem CSU-Vorsitzenden Franz Josef Strauß geforderte generelle Ablehnung des Sparpakets der Bundesregierung wird von der CDU in diesem Umfang nicht mitgetragen.* Wenn wir die Formulierungen vergleichen, so erscheint in der Rundfunknachricht der Gegensatz zwischen der CDU und Strauß in dieser Frage stärker betont *(sich verweigern)* als in der Fernseh- und der Zeitungsnachricht *(nicht mittragen).* Mit der verbalen Bedeutungseinheit „sich jemandem verweigern" assoziieren viele Sprachteilhaber eine Konfliktsituation.
In diese Richtung weisen auch die Belege im großen Duden-Wörterbuch der deutschen Sprache (Bd. 6, 1981):

Jugendliche verweigern sich, sie wollen keine Rolle in der Erwachsenenwelt übernehmen — Sie hat sich ihrem Mann verweigert.

Wir können hier nicht weiter auf das vieldiskutierte Problem der Objektivität von Nachrichten eingehen, wollen aber festhalten, daß Sachbetontheit nicht mit Objektivität gleichzusetzen ist. Die sog. objektive Berichterstattung, wie sie in den Rundfunkgesetzen gefordert wird, ist eine nicht zu erreichende Idealvorstellung.[82]

Ob eine wertende Aussage neben ihrer informativen Funktion auch noch (oder primär) eine appellative Funktion hat, ergibt sich aus dem Kontext bzw. der Textsorte, der der entsprechende Text angehört. Ein Satz wie *Es ist beglückend, daß* ... stellt in einem Interview oder in einem privaten Mitteilungsbrief vor allem eine Meinungskundgabe dar (= informative Funktion); in einer Werbeanzeige besitzt die gleiche Wendung aber in erster Linie Appellcharakter (s. dazu Abschn. 4.4.3.).

[82] Vgl. auch Fluck u. a. 1975, Begleitheft, S. 11; M. Heun, Die Subjektivität der öffentlich-rechtlichen Nachrichten. In: Straßner 1975, S. 66—82

4.4.3. Die Appellfunktion

Der Emittent gibt dem Rezipienten zu verstehen, daß er ihn dazu bewegen will, eine bestimmte Einstellung einer Sache gegenüber einzunehmen (Meinungsbeeinflussung) und/oder eine bestimmte Handlung zu vollziehen (Verhaltensbeeinflussung).

Die appellative Textfunktion kann durch folgende Paraphrase explizit gemacht werden:

Ich (der Emittent) fordere dich (den Rezipienten) auf, die Einstellung (Meinung) X zu übernehmen/die Handlung X zu vollziehen.

Beispiel:

(1) aus einem Zeitungskommentar:

In dieser Zwischenphase ... ist eine Kredithilfe für wirklich in ihrer Existenz gefährdete Landwirte die vernünftigste Lösung. Sie sollte jedoch sehr bald wirksam werden. Denn auch hier gilt: Wer schnell gibt, gibt doppelt.

(aus: Hamburger Abendblatt v. 28. 7. 76)

Bei der Durchführung der verdeutlichenden Paraphrase ist zu bedenken, daß politische Kommentare häufig mehrfach gerichtet sind. Adressaten sind einmal die Leser, die nicht selbst im politischen Bereich tätig sind, zum anderen aber auch die politischen Akteure, auf die bzw. auf deren Handlungen sich der Kommentar bezieht.[83] Es ergeben sich dann die beiden folgenden Paraphrasierungsmöglichkeiten:

(a) Ich (der Autor) möchte Sie (den „normalen" Leser) davon überzeugen, daß ...

(b) Ich (der Autor) möchte Sie (die politisch Verantwortlichen) davon überzeugen, daß X die vernünftigste Lösung ist, und fordere Sie unter Hinweis auf das Sprichwort *Wer schnell gibt, gibt doppelt* auf, die Kredithilfe bald wirksam werden zu lassen.

Textsorten mit appellativer Grundfunktion sind: Werbeanzeige, Propagandatext, (Zeitungs-, Fernseh-, Rundfunk-)Kommentar[84], Arbeitsanleitung, Gebrauchsanweisung, Rezept, Gesetzestext, Gesuch, Antrag, Bittschrift, Predigt usw.

[83] Vgl. Sandig 1978, S. 157. — Indem der Kommentator in bezug auf diese Adressatengruppe Vorschläge, Empfehlungen, Forderungen usw. zum Ausdruck bringt, vermittelt er den Adressaten der ersten Gruppe spezifische Bewertungen (vgl. Sandig ebd.).

[84] Bei (politischen) Kommentaren geht es dem Emittenten in der Regel nicht nur um die Mitteilung seiner Stellungnahme (= Informationsfunktion), sondern er intendiert zugleich, daß der Rezipient seine Bewertung des Sachverhalts übernimmt. Kommen-

4.4.3. *Die Appellfunktion*

Die appellative Textfunktion kann zwar direkt durch explizit performative Formeln mit den Verben *auffordern, anordnen, befehlen, bitten, raten, empfehlen, fragen, beantragen, verlangen, beauftragen* usw. signalisiert werden. Solche expliziten Strukturen sind in Texten aber selten. Die häufigsten grammatischen Indikatoren der Appellfunktion sind vielmehr[85]:

a) der Imperativsatz

z. B. in Werbeslogans wie: *Nimm Vim! — Genießen Sie Lord Extra! — Entdekken Sie die frische freie Welt der Reyno!*[86]

Vgl. auch Segment 8—10 der in Abschnitt 3.4.4. analysierten Werbeanzeige „Pflegen und pflegen lassen".

b) die Infinitivkonstruktion

z. B. *Pflegen und pflegen lassen* (Nivea milk) — *Erst mal entspannen, erst mal Picon — Frohen Herzens genießen* (HB)

Der Infinitiv ist wegen seiner Kürze und Einfachheit (kein Subjekt, keine Tempus- und Modusmarkierung) besonders charakteristisch für die sprachliche Gestaltung von Gebrauchsanweisungen, Bedienungsanleitungen, Kochrezepten usw.

Beispiele:

(2) aus einer Pflegeanleitung für Stickereien:

Farbige Stickereien stets gesondert *behandeln*. Eventuell im Stoff vorhandene Stärke oder Appretur *auswaschen*. Nur alkalifreie Feinwaschmittel *verwenden*.

(3) aus einem Kochrezept:

3—4 mittelgroße Zwiebeln *abziehen*, in Scheiben *schneiden* — 15 g Butter oder Margarine *erhitzen*, die Zwiebeln darin leicht *bräunen*.

tare enthalten vielfach auch einen (zumeist indirekten) Appell an die Verantwortlichen (z. B. an die politischen Akteure, s. o. Anm. 83), etwas Bestimmtes zu tun oder zu unterlassen (vgl. dazu auch den in Abschnitt 3.5.3. analysierten Kommentar „Warum denn staatsverdrossen?").

[85] Vgl. auch Große 1976, S. 86 ff. — Die wichtigsten „Willens- und Wunschsignale" für die schriftlichen Textsorten sind nach Große der Imperativ(satz), der Interrogativsatz und der Infinitiv.

[86] Bei den beiden letzten Beispielen handelt es sich um die sog. Höflichkeitsform (3. Pers. Pl. des Konjunktivs Präs. mit nachgestelltem Pronomen *Sie*), die als Ersatzform des Imperativs bezeichnet werden kann. Sie wird verwendet gegenüber Personen, die man siezt. — Vgl. dazu Duden-Grammatik 1973, S. 99

Für die Textsorten „Gebrauchsanweisung“, „Bedienungsanleitung“ und „Kochrezept“ ist eine besondere Variante der Appellfunktion charakteristisch, auf die wir kurz eingehen wollen. Der Emittent will in Texten dieser Art den Rezipienten prinzipiell nicht zu einer unmittelbaren Handlung veranlassen, sondern ihn über bestimmte Handlungsschritte und -möglichkeiten informieren (z. B. über die Bedienung von Geräten oder über die Herstellung von Gerichten). Die kommunikative Funktion dieser Texte ist als Wenn-dann-Relation explizierbar: Wenn jemand Skat spielen will, dann befolge er die Regeln A, B, C; wenn das Gerät X benutzt werden soll, dann beachte man die beigefügten Hinweise. In der Forschung wird diese spezifische Ausprägung der Appellfunktion in Arbeits-, Handlungs- und Gebrauchsanleitungen durch den Begriff der Instruktion zu kennzeichnen versucht. „Entscheidend für den Vollzug einer Instruktion ist ein bestehendes Interesse von Instrukteur und Adressat an einem Informationsaustausch, damit überhaupt eine Instruktion zustande kommen kann.“[87] Bei der unmittelbaren Aufforderung geht es demgegenüber weniger darum, Kenntnisse zu vermitteln und dem Rezipienten die Erweiterung seiner Handlungskompetenz zu ermöglichen; im Vordergrund steht vielmehr das Interesse des Emittenten an der Durchführung der in der Proposition bezeichneten Handlung.

c) der Interrogativsatz

Der Emittent fordert den Rezipienten zur sprachlichen Mitteilung einer Information auf. Wir finden diesen Indikator vor allem in den Textsorten „Fragebogen“, (verschriftlichtes) „Zeitungsinterview“, „Lehrbuch“ (in Frage und Antwort) usw.

Beispiel:

(4) aus einem behördlichen Fragebogen:

Haben Sie oder ihr Ehegatte eine Rente bei einer gesetzlichen Rentenversicherung beantragt?

d) Satzmuster mit *sollen* oder *müssen* + Infinitiv, *haben* + *zu* + Infinitiv, *sein* + *zu* + Infinitiv u. a.[88]

Beispiele:

(5) aus dem Bundesbeamtengesetz:

[87] Vgl. dazu im einzelnen Weber 1982, S. 1 ff. (Zitat S. 2). — Zur instruktiven Funktion von Fachtexten vgl. Möhn/Pelka 1984 (S. 6 f., S. 58 ff.) und Möhn 1991

[88] Zur Funktion der Fügung *sein* + *zu* + Infinitiv vgl. Brinker 1971a, S. 121 ff.

§ 54 Der Beamte *hat sich* mit voller Hingabe seinem Beruf *zu widmen*. Er *hat* sein Amt uneigennützig nach bestem Gewissen *zu verwalten*. Sein Verhalten innerhalb und außerhalb des Dienstes *muß* der Achtung und dem Vertrauen *gerecht werden*, die sein Beruf erfordern.

§ 55 Der Beamte *hat* seine Vorgesetzten *zu beraten* und *zu unterstützen*. Er *ist verpflichtet*, die von ihnen erlassenen Anordnungen auszuführen ...

(6) aus der Strafprozeßordnung (STPO):

§ 118a Von Ort und Zeit der mündlichen Verhandlung *sind* die Staatsanwaltschaft sowie der Beschuldigte und der Verteidiger *zu benachrichtigen*. Der Beschuldigte *ist* zu der Verhandlung *vorzuführen* ...

Die Appellfunktion ist hier mit einer „normativen" Einstellung des Emittenten verknüpft; sie besagt, daß der Rezipient verpflichtet ist, den thematisierten Sachverhalt zu realisieren.

Wir kommen damit zu den thematischen Einstellungen, die mit der Appellfunktion verbunden sind.

Es ist dabei zu unterscheiden zwischen Einstellungen, die in der Regel die Appellfunktion indizieren, und Einstellungen, die zwar oft, aber nicht immer auf diese Funktion bezogen sind.

Zur ersten Gruppe gehören neben der normativen Einstellung vor allem Einstellungen, die die Interessen (Bedürfnisse, Wünsche, Präferenzen) des Emittenten selbst bezeichnen, z.B. *Ich möchte, daß der Sachverhalt X realisiert wird; ich hätte gern, wenn ...; ich wünsche mir, daß ...; ich brauche die Sache X* usw.

Zur zweiten Gruppe ist die evaluative Einstellung zu zählen. Es geht dem Emittenten nun aber nicht nur — wie in Verbindung mit der Informationsfunktion — um die Mitteilung seiner Stellungnahme, also um reine Meinungskundgabe, sondern er intendiert zugleich, daß der Rezipient seine Sichtweise, seine (positive oder negative) Bewertung des Sachverhalts übernimmt (und sich entsprechend verhält). Wir wollen die Verbindung von Appellfunktion und evaluativer Einstellung an dem folgenden Werbetext verdeutlichen. Der sprachliche Teil lautet:

(7) (1) Mit Sicherheit auf alles Mögliche gefaßt.

(2) Es gibt immer noch Verkehrsteilnehmer, die die Straße für eine Kampfarena halten.

(3) Die Folgen sind bekannt.

(4) Deshalb geht VOLVO immer den Weg der Sicherheit.

(5) Denn sollte es wirklich einmal hart auf hart kommen, ist Sicherheit die größere Chance.

(6) VOLVO

(7) Informationsmaterial schickt Ihnen die VOLVO Deutschland GmbH Vertriebsgesellschaft, 6051 Dietzenbach-Steinberg.

(8) Sicher fahren — VOLVO fahren.

(aus: ADAC motorwelt vom Oktober 1973)

Die Textsorte „Werbeanzeige" ist zur Klasse der appellativen Texte zu rechnen. Der Emittent versucht, den Rezipienten dazu zu bringen, ein bestimmtes Produkt zu kaufen. Allerdings wird die Kaufaufforderung in Werbeanzeigen nur selten in direkter Form signalisiert, etwa durch explizit performative Sätze wie *Ich* (der Emittent) *fordere Sie* (den Rezipienten) *auf, das Produkt X zu kaufen* oder *Kaufen Sie das Produkt X.* Auch in Anzeigen, in denen als Werbender ein Gewährsmann (z. B. ein Arzt als „Experte" oder ein Schauspieler als Leitfigur) eingeführt wird, zieht es der Emittent vor, das Produkt zu empfehlen, wobei diese Handlung zumeist indirekt, d. h. in Form von Einstellungsbekundungen, vollzogen wird. So sagt die eingeführte Autorität etwa von sich: *Ich nehme (genieße, gönne mir) das Produkt X.*[89]

Auch in unserem Beispieltext finden sich keine direkten Aufforderungssignale; wir verstehen ihn aber eindeutig als (indirekten) Appell des Emittenten an den Rezipienten, das betreffende Produkt positiv einzuschätzen (und zu kaufen). Wie kommt dieses Textverständnis zustande? Worauf beruht eigentlich der Appellcharakter, den wir dem Text intuitiv zuschreiben?

Zur Klärung dieser Fragen kann man nun nicht einfach den „Appellfaktor" im Sinne Großes anführen, der durch die reine Vorkommenshäufigkeit bewertender Ausdrücke und rhetorischer Figuren definiert wird. Er ist — wie bereits dargelegt wurde — kein eindeutiger Indikator für die appellative Textfunktion.

Die Untersuchung der evaluativen Einstellung des Emittenten und ihrer sprachlichen Ausdrucksformen im Hinblick auf ihre Relevanz für die Signa-

[89] Die indirekte Form wird vom Emittenten bevorzugt, „weil Aufforderungshandlungen jedem Aufgeforderten zumuten, auf der Beziehungsebene sich selbst so einzuschätzen, daß er jemand ist, der Befehle empfängt, Aufforderungen nachkommt, Anordnungen folgt; kurz jemand, dessen Handeln in entscheidendem Maß von einem anderen bestimmt werden kann" (Beisbart u. a. 1976, S. 154 f.; vgl. auch Sowinski 1979, S. 65). Eine solche Wirkung könnte aber der Werbeintention hinderlich sein.

lisierung der Appellfunktion darf nicht einzelne Ausdrücke aus dem Textzusammenhang herausgreifen und einer isolierenden Betrachtung unterziehen; es kommt vielmehr darauf an, die zugrunde liegende Form der Themenentfaltung (die thematische Grundstruktur) und die Art ihrer Realisierung (die realisierte Struktur — vgl. dazu o. S. 63) herauszuarbeiten und die einzelnen sprachlichen und rhetorischen Mittel darauf zu beziehen.

Die thematische Struktur unseres Textes wird durch die argumentative Themenentfaltung bestimmt. Unter Heranziehung der Toulminschen Kategorien (s. o. Abschn. 3.5.3.) erhalten wir die folgende Beschreibung:

These: Mit Volvo ist man auf alles Mögliche vorbereitet. (1)

Argument: Volvo geht immer den Weg der Sicherheit. (4)

Schlußregel (implizit): Wenn ein Auto bzw. eine Autofirma immer den Weg der Sicherheit geht, dann ist man auf alles Mögliche (selbst auf das Schlimmste) vorbereitet.

Stützung: Sicherheit ist der entscheidende Faktor *(die größere Chance)* im Straßenverkehr (5) — mit Hinweis auf die drohenden Gefahren (in 2 und 3).

Für die Realisierung ist kennzeichnend, daß sich der Emittent des argumentativen Musters nur in einer mehr äußerlichen, oberflächlichen Weise bedient. Der Text zielt weniger darauf, den Rezipienten argumentativ, d. h. auf rationalem Wege, von der Richtigkeit der These zu überzeugen (dazu sind die Aussagen auch gar nicht geeignet, da sie inhaltlich viel zu unbestimmt, zu vage bleiben); es geht dem Emittenten vielmehr darum, den Rezipienten emotional anzusprechen, ihn in seiner (psychischen) Einstellung zu beeinflussen. Diese Zielsetzung manifestiert sich im Vorgehen des Emittenten, in seiner „Werbestrategie“[90], die aus zwei Zügen besteht.

In einem ersten Zug baut der Emittent ganz knapp eine Situation der Unsicherheit, der Bedrohung auf, indem er in Segment (2) unterstellt, daß es zwei Gruppen von Verkehrsteilnehmern gibt. Die eine Gruppe, die die Straße *immer noch* für eine Kampfarena hält und dadurch eine Bedrohung auslöst, wird explizit genannt; die andere Gruppe, die bedroht wird und zu der auch der Rezipient gehört, ist impliziert. Der Emittent wählt Ausdrücke, die aufgrund ihrer konnotativen Bedeutung[91] geeignet erscheinen, beim Rezipienten ein Gefühl der Angst, zumindest aber der Unsicherheit auszulösen.

[90] Zum Begriff der Textstrategie allgemein vgl. Brinker, Textfunktionale Analyse. In: Brinker/Antos/Heinemann/Sager 2000, Art. 19 (bes. S. 183 ff.)

[91] Unter der „konnotativen Bedeutung“ eines Wortes versteht man in der linguistischen Semantik den Komplex von Begleit- und Nebenvorstellungen wertender und emotionaler Art, der zusammen mit dem begrifflichen Inhalt (der sog. denotativen Bedeutung) die Gesamtbedeutung eines Wortes ausmacht.

Die Wendung *auf etwas gefaßt sein* bezieht sich nach allgemeinem Sprachgebrauch eher auf negative als auf positive Ereignisse. Das Substantiv *Kampfarena* weckt in Verbindung mit *Straße* die Vorstellung von Aggressionen und Gefahren, denen man nicht entfliehen kann (Arena als begrenzter Raum) und in denen man Opfer werden kann (man assoziiert Gladiatorenkämpfe, Stierkämpfe u. ä.). Segment 3 deutet auf die aus der Alltagserfahrung bekannten Unfallfolgen hin. Die umgangssprachliche Wendung *es kommt hart auf hart* läßt an Konfrontationen, Zusammenstöße, Unfälle denken.

In einem zweiten Zug bietet der Emittent den Ausweg aus dieser bedrohlichen Lage an. Es ist der *Weg der Sicherheit*, den Volvo geht. Das Produkt „Volvo" wird zur Verkörperung des Konzepts der Sicherheit und kann dadurch als „Retter in der Not" fungieren.

Die Ausdrücke *Sicherheit* und *sicher* spielen in der Anzeige eine zentrale Rolle. Sie bringen das Produkt in einen Sinnzusammenhang mit Wert- und Zielvorstellungen, die in unserer Gesellschaft einen hohen Rang einnehmen. Abgesehen davon, daß solche Lexeme etwas absolut Positives bezeichnen, läßt sich ihr semantischer Wert allerdings nicht exakt bestimmen; er bleibt vage und schillernd.

Unter *Sicherheit* kann sowohl die allgemeine Sicherheit (das Sichersein vor Schaden und Gefahr) als auch die technische Sicherheit im engeren Sinne verstanden werden; das Wort kann gleichzeitig auch Gewißheit und psychische Sicherheit sowie Zuverlässigkeit bedeuten.[92] Ein Beispiel für die Ambivalenz des Sicherheitsbegriffs in unserer Anzeige ist die präpositionale Wortgruppe *mit Sicherheit* (in der Schlagzeile); sie kann entweder instrumental (explizit: *aufgrund der Sicherheit, die Volvo verkörpert, ist man auf alles Mögliche vorbereitet*) oder modal interpretiert werden (explizit: *es ist sicher/gewiß, daß man auf alles Mögliche vorbereitet ist, wenn man Volvo wählt*). Die Gleichsetzung des Wertes der Sicherheit mit dem Produkt „Volvo" wird in Segment 4 vorbereitet (das voraussetzt, daß es nur einen Weg der Sicherheit gibt, nämlich den, den Volvo geht) und findet ihren vollkommenen sprachlichen Ausdruck in dem abschließenden Slogan *sicher fahren — Volvo fahren*, der schon von seiner Struktur her die Austauschbarkeit von *sicher* und *Volvo* suggeriert.

Auch das Bild, das statt eines Autos ein Nashorn darstellt, ist der beschriebenen Werbestrategie zuzuordnen.

Zunächst besteht die kommunikative Funktion des Bildes ganz allgemein darin, die Aufmerksamkeit des Rezipienten zu erregen. Da jeder Leser der Zeitschrift weiß, daß „Volvo" eine Automarke bezeichnet, entspricht das Bild nicht seiner Erwartung, denn in der Regel wird in Anzeigen der Autowerbung das Produkt selbst abgebildet.

[92] Vgl. auch Duden-Stilwörterbuch 1971, S. 623 sowie die anderen in Kap. 2, Anm. 3 angegebenen Wörterbücher der deutschen Gegenwartssprache.

Ordnet man das Bild nun dem ersten Zug der Werbestrategie zu und bezieht das Nashorn, das dem Betrachter mit spitzem Horn entgegentritt, auf die Ausdrücke *alles Mögliche* und *Kampfarena*, dann versteht man die Abbildung als eine ins Witzige bzw. Komische gezogene Verkörperung der im Text beschriebenen Bedrohung.[93]

Man kann das Bild aber auch auf den zweiten Zug der Werbestrategie beziehen; es symbolisiert dann auf witzige Weise die Unangreifbarkeit, die Sicherheit stiftende Kraft des Produkts, der auch die Verkehrsteilnehmer, die die

[93] Die Einbeziehung witziger Einfälle und komisch wirkender Situationen ist eine durchaus übliche Werbetaktik (vgl. auch Sowinski 1979, S. 67).

Straße für eine Kampfarena halten, möglichst aus dem Wege gehen. Für diese Interpretation spricht auch, daß der Produktname dem dargestellten Nashorn in gleicher Weise zugeordnet wird wie in anderen Werbeanzeigen dem abgebildeten Produkt.

Insgesamt wird deutlich, daß die bildliche Darstellung einen gewissen Interpretationsspielraum läßt, der sicherlich gewollt ist; denn beide Deutungen sind mit der Werbestrategie durchaus kompatibel.

Wir wollen eine solche Realisierung des argumentativen Entfaltungsmusters — wie sie unser Beispieltext aufweist — als „persuasiv" bezeichnen; sie charakterisiert den Text als indirekte Aufforderung des Emittenten an den Rezipienten, das Produkt als adäquaten Ausweg aus einer bedrohlichen Lage zu akzeptieren und aus dieser positiven Einschätzung des Produkts die entsprechenden Handlungskonsequenzen zu ziehen. Der Kaufappell braucht nicht explizit ausgesprochen zu werden, da der Rezipient den Text bereits aufgrund der äußeren Aufmachung, d. h. der Text- und Bildgestaltung (des sog. Layouts), eindeutig als Werbeanzeige erkennt und aus seiner Alltagserfahrung weiß, daß Werbeanzeigen letztlich das Ziel verfolgen, die angepriesene Ware auch zu verkaufen.[94]

4.4.4. Die Obligationsfunktion

Der Emittent gibt dem Rezipienten zu verstehen, daß er sich ihm gegenüber dazu verpflichtet, eine bestimmte Handlung zu vollziehen.[95] Textsorten mit Obligationsfunktion sind Vertrag, (schriftliche) Vereinbarung, Garantieschein, Gelübde, Gelöbnis, Angebot usw.

Allgemein können wir die folgende explizierende Paraphrase ansetzen:

Ich (der Emittent) verpflichte mich (dem Rezipienten gegenüber), die Handlung X zu tun.

Beispiele:

(1) aus einem Vaterschaftsanerkenntnis:

Demgemäß *verpflichte* ich *mich*, dem Kinde vom 15. 6. 1962 an bis auf weiteres eine monatliche Rente von 100 DM ... zu entrichten.

(2) aus dem Hamburgischen Beamtengesetz v. 13. 3. 1961:

[94] Vgl. auch Große 1976, S. 19

[95] Bei Große (1976, S. 65) erscheint diese Funktion unter den „normativen" Funktionen (s. o. Abschn. 4.4.1.).

Diensteid

„Ich *schwöre* Treue dem Grundgesetz für die Bundesrepublik Deutschland und der Verfassung der Freien und Hansestadt Hamburg, Gehorsam den Gesetzen und gewissenhafte Erfüllung meiner Amtspflichten, so wahr mir Gott helfe.“

(3) aus dem Angebot einer Firma:

Wir danken Ihnen für Ihre freundliche Anfrage und *bieten* Ihnen nachstehend *an* ... Das Angebot ist befristet bis zum 30. 4. 78.

(4) aus einer Garantieerklärung:

So *garantieren* wir Ihnen, daß jederzeit nur frische Ware höchster Qualität und aus besten Rohstoffen zur Auslieferung gelangt ... Wir tauschen Ihnen bei berechtigten Beanstandungen diese Packung um und vergüten Ihnen zusätzlich Ihre Portoauslagen.

(5) aus einem Vertragstext:

§ 12 Sämtliche mit diesem Vertrag und seiner Durchführung verbundenen Kosten trägt der Käufer allein. Die Kosten für die Löschung etwa vorhandener, vom Käufer nicht übernommener Belastungen trägt jedoch der Verkäufer.

Paraphrase: Wir (der Käufer und der Verkäufer als Unterzeichner) vereinbaren hiermit, daß der Käufer verpflichtet ist, X zu tun, und daß der Verkäufer verpflichtet ist, Y zu tun.

(Bei Verträgen sind alle Unterzeichner als Emittenten anzusehen.)

Selbstverpflichtende Texte sind in der Regel stark institutionalisiert; sie sind deshalb meistens durch eine direkte Signalisierung der Textfunktion gekennzeichnet, und zwar durch explizit performative Formeln mit den Verben *versprechen, sich verpflichten, schwören, übernehmen, sich bereit erklären, garantieren, sich verbürgen, wetten, anbieten* usw.).

Die Obligationsfunktion ist eng verbunden mit thematischen Einstellungen voluntativer und intentionaler Art (z. B. *ich beabsichtige, habe vor, plane, werde, bin entschlossen* usw.). Der Emittent kann dadurch den Grad an Bereitschaft ausdrücken, den thematisierten Sachverhalt zu realisieren.

Sind keine sprachlich-grammatischen Obligationssignale vorhanden (wie in Textbeispiel 5), ergibt sich die Obligationsfunktion aus dem thematischen Zusammenhang, aus anderen innertextlichen Merkmalen (z. B. aus bestimmten Textüberschriften wie *Garantieschein, Diensteid, Vertrag*) und/oder dem Handlungs- und Situationskontext.

4.4.5. Die Kontaktfunktion

Der Emittent gibt dem Rezipienten zu verstehen, daß es ihm um die personale Beziehung zum Rezipienten geht (insbesondere um die Herstellung und Erhaltung des persönlichen Kontakts).[96]

Die kontaktspezifische Funktion wird in direkter Perspektive durch explizit performative Formeln mit den Verben bzw. verbalen Fügungen *danken, um Entschuldigung bitten, beglückwünschen, gratulieren, sich beschweren, willkommen heißen, Beileid aussprechen, verfluchen* usw. signalisiert.

Kontakttexte sind vielfach an feste gesellschaftliche Anlässe geknüpft, die den Ausdruck der psychischen Einstellung des Emittenten verlangen. Die Kontaktfunktion ist deshalb oft mit solchen thematischen Einstellungen verbunden (z. B. *bedauern, leid tun, entzückt sein, sich freuen* usw.). Entscheidend ist dabei nicht die Gefühlsäußerung als solche, sondern die Erfüllung einer sozialen Erwartung durch den Emittenten. Darauf beruht die kontaktspezifische Bedeutung solcher Einstellungsbekundungen.

Beispiel:

(1) (Briefkarte)

Über die Glückwünsche und Aufmerksamkeiten zu unserer Verlobung haben wir uns sehr gefreut und danken Ihnen herzlich dafür.

Die Kontaktfunktion des Textes („Danksagung") wird im zweiten Teilsatz direkt durch eine explizit performative Formel signalisiert. Im ersten Teilsatz bringt der Emittent seine psychisch-emotionale Einstellung, nämlich seine Freude gegenüber dem thematisierten Sachverhalt zum Ausdruck. Diese Einstellungsbekundung, die auch mit der Informationsfunktion kompatibel ist, hat in diesem Zusammenhang eine ausgesprochen kontaktintensivierende Funktion (indem sie präsupponiert, daß die dem Dank vorausgegangene Handlung des Adressaten erfolgreich war).

Die Kontaktfunktion ist besonders charakteristisch für sog. Partizipationstexte,[97] in denen der Emittent seine Anteilnahme (seine Mit-Freude, seine Mit-Trauer usw.) mit dem Rezipienten zum Ausdruck bringt. Typische Textsorten der Partizipation sind Gratulations- und Kondolenzbrief (bzw. -karte). Da sich die zugrunde liegenden Ereignisse in gleicher oder ähnlicher Form

[96] Vgl. auch Große 1976, S. 32 ff.

[97] Große bezeichnet demgegenüber die Partizipationsfunktion als einen „Sonderfall der Kontaktfunktion" (1976, S. 33).

wiederholen, haben sich hier in sprachlicher Hinsicht bestimmte Formen (den Satzbau und die Wortwahl betreffend) herausgebildet, die z. T. einen formelhaften Charakter besitzen.

Beispiel aus einem Briefsteller:

(2) Die Nachricht vom *Heimgang* Ihrer *lieben* Frau hat hier im Büro *große Betroffenheit ausgelöst*, und ich *möchte* Ihnen im Namen aller Kollegen *unser aufrichtiges Beileid* zu diesem *schmerzlichen Verlust übermitteln*.

(aus: E. Ruge, Worte und Briefe der Anteilnahme. Niedernhausen 1979, S. 12)

Die hervorgehobenen Wörter und Wendungen sind für die Textsorte „Kondolenzbrief" besonders typisch.

Auch die Ansichtskarte und andere Formen des Kontaktbriefs (z. B. der Liebesbrief) drücken primär die kontaktspezifische Textfunktion aus.[98]

4.4.6. Die Deklarationsfunktion

Der Emittent gibt dem Rezipienten zu verstehen, daß der Text eine neue Realität schafft, daß die (erfolgreiche) Äußerung des Textes die Einführung eines bestimmten Faktums bedeutet.[99]

Wir können die Deklarationsfunktion durch die folgende Paraphrase explizit machen[100]:

Ich (der Emittent) bewirke hiermit, daß X als Y gilt.

Textsorten mit deklarativer Grundfunktion sind z. B. Ernennungsurkunde, Testament, Schuldspruch, Bevollmächtigung, Bescheinigung usw. Es handelt sich durchweg um Textsorten, die an bestimmte gesellschaftliche Institutionen gebunden sind.

Die Deklarationsfunktion wird fast immer d i r e k t (durch feste, ritualisierte und explizite Formeln) ausgedrückt.

[98] In der dialogischen Kommunikation erfüllen diese Funktion vor allem die Gesprächssorten „Unterhaltung", „Plauderei", „Small Talk" (ein gutes Beispiel ist das berühmte Gespräch übers Wetter zwischen Nachbarn).

[99] Die Deklarationsfunktion ist unter dem Aspekt der interpersonalen Beziehung als Sonderfall anzusehen (s. dazu o. Anm. 73).

[100] Auch diese Funktion ist (allerdings in anderer Aufgliederung) in Großes normativen Funktionen enthalten (1976, S. 58 ff.); s. auch o. Abschn. 4.4.1.

Beispiele:

(1) aus einem Testament:

Ich setze meinen Bruder Franz S. zu meinem alleinigen Erben ein.

Paraphrase: Ich bewirke hiermit, daß X (= mein Bruder Franz S.) als Y (= mein alleiniger Erbe) gilt.

(2) aus einer Ernennungsurkunde:

Herr Franz S. wird zum Wissenschaftlichen Rat ernannt.

Paraphrase: Ich (= der Minister) bewirke hiermit, daß X (= Herr Franz S.) als Y (= Wiss. Rat) gilt.

(3) aus einer Bescheinigung:

Es wird hiermit bescheinigt, daß Herr Franz S. regelmäßig an meinen Lehrveranstaltungen teilgenommen hat.

Paraphrase: Ich (= der Dozent) bewirke hiermit (durch diese meine Handlung des Bescheinigens), daß als wahr (= Y) gilt, daß X (= die Proposition „Franz S. hat regelmäßig an meinen Lehrveranstaltungen teilgenommen").

(4) aus einer Vollmacht:

Ich bevollmächtige hiermit Herrn Dr. S., mein Haus für mich zu verkaufen.

Paraphrase: Ich bewirke hiermit (durch diesen Text), daß X (Dr. S.) als berechtigt gilt, Y zu tun (= das Haus zu verkaufen).

Neben den expliziten sprachlichen Formen sind es vor allem auch bestimmte Textüberschriften (wie *Testament, Urkunde, Bescheinigung, Vollmacht* usw.), die auf die Deklarationsfunktion verweisen.

4.5. Zum Zusammenhang von Textfunktion und Textstruktur: eine exemplarische Analyse

Wir haben in den Kapiteln 3 und 4 den Text unter strukturellen und kommunikativ-funktionalen Gesichtspunkten betrachtet. Funktionale und strukturelle Textmerkmale sind zwar bei der linguistischen Analyse deutlich zu unterscheiden; sie sind aber — so wurde bereits an verschiedenen Stellen deutlich — nicht ganz isoliert voneinander zu untersuchen. Zwischen Textfunktion und Textstruktur bestehen vielmehr enge Zusammenhänge. Allgemein läßt sich sagen, daß die Textfunktion — zusammen mit gewissen situativen und medialen Gegebenheiten — die Textstruktur, d. h. die Gestaltung des Textes in grammatischer und thematischer Hinsicht, regelhaft bestimmt (vgl. auch o. Abschnitt 2.3.). Allerdings sind die hier bestehenden Bedingungsverhältnisse im einzelnen noch zu wenig erforscht, um bereits Regeln aufstellen zu können. Wir müssen uns deshalb darauf beschränken, an einem konkreten Textbeispiel einige grundlegende Beziehungen zwischen Struktur und Funktion aufzuzeigen.

Beispiel:

Machen wir einen neuen Anfang!

Von Dr. Erich Hoepfner

I (1) Blauer Himmel, strahlender Sonnenschein, und dann nichts wie raus — an die See oder ins Grüne! (2) Das ist fast immer der erste Gedanke, wenn das Gespräch auf Pfingsten kommt. (3) Wer könnte uns das auch übelnehmen, uns gestreßten Großstadtmenschen von heute?

II (4) An das christliche Pfingstfest, den „Geburtstag der Kirche", denken nur noch wenige. (5) Oder erinnern wir uns noch, was davon im Neuen Testament erzählt wird? (6) Wie in Jerusalem 50 Tage nach Ostern der Geist Gottes über die zwölf Apostel kam, wie sie dann zu Tausenden redeten, und wie ihre vielen Zuhörer, die doch aus ganz verschiedenen Völkern, Kulturen und Sprachkreisen kamen, auch spontan begriffen, was sie sagten und wollten. (7) Ein epochemachendes Beispiel geglückter Massenkommunikation, könnte man sagen.

III (8) Kommunikation ist ja heute ein besonders beliebtes Schlagwort. (9) Aber je mehr man davon redet, um so weniger klappt es damit offenbar. (10) Ob im kleinen Kreis der Familie oder zwischen alt und jung, ob zwischen Hamburger Theaterleuten oder den Mächtigen aus Ost und West — da wird geredet und aneinander vorbeigeredet, wird mißverstanden oder überhaupt nicht mehr geredet, daß man an der menschlichen Vernunft schier verzweifeln könnte.

IV (11) Machen wir in diesen Tagen doch wenigstens im kleinen einen neuen Anfang: (12) Reden wir so miteinander, daß wir uns auch verstehen. (13) Einfach, ehrlich und voll Verständnis für den anderen. (14) Überall, wo das geschieht, wird dann ein kleines Stückchen unserer Welt ein kleines bißchen freundlicher und schöner werden.

(aus: Hamburger Abendblatt v. Pfingsten 1980, S. 2; unter der Rubrik „Kommentare")

In kommunikativ-funktionaler Hinsicht realisiert der Text die appellative Textfunktion; sie wird d i r e k t signalisiert (im Sinne unseres ersten Kriteriums in Abschnitt 4.3.2.2.), und zwar durch sog. Aufforderungsstrukturen (mit Konjunktiv Präsens und nachgestelltem Personalpronomen der ersten Person Plural — Überschrift, Segment 11—13). Die Appellfunktion läßt sich durch folgende Paraphrase verdeutlichen: Der Emittent gibt dem Rezipienten zu verstehen, daß er ihn dazu bewegen will, einen neuen Anfang zu verständnisvoller Kommunikation zu machen.

In struktureller Hinsicht ergibt sich das folgende Bild: Die Untersuchung der Wiederaufnahmestruktur erweist die Textgegenstände „Pfingsten" und „Kommunikation" als die beiden dominierenden Referenzträger.

(2) *Pfingsten* (Bezugsausdruck 1)

(4) *das christliche Pfingstfest* (partielle Repetition des Bezugsausdrucks; semantische Relation: Synonymie — sprachimmanent)

(4) *den Geburtstag der Kirche* (referenzidentische Umschreibung für Pfingsten; sprachtranszendent)

(5) *davon* (explizite Wiederaufnahme durch Pronominaladverb)

(6) *50 Tage nach Ostern* (zeitliche Bestimmung des Pfingstfestes; der wiederaufnehmende Ausdruck bezieht sich auf einen Teilaspekt des Bezugsausdrucks; Beziehung: sprachtranszendent; Form: implizite Wiederaufnahme)

(11) *in diesen Tagen* (der Bezug zu *Pfingsten* wird nicht innertextlich durch das Prinzip der Wiederaufnahme vermittelt, sondern außertextlich, durch Verweis auf den situativen Kontext, d. h. auf die Pfingsttage; Beziehung: sprachtranszendent)

(7) *Massenkommunikation* (Bezugsausdruck 2)

Der Begriff wird nicht in der üblichen Bedeutung verwendet (Verbreitung von Informationen durch technische Medien wie Presse, Funk und Fernsehen), sondern umgedeutet etwa im Sinne von „Kommunikation der Massen", d. h. Kommunikation auf breiter Basis. Dadurch gelingt es dem Emittenten, die beiden Referenzträger „Pfingsten" und „Kommunikation" miteinander in Beziehung zu setzen.

(8) *Kommunikation* (Oberbegriff zu *Massenkommunikation*; Beziehung: sprachimmanent; Form: explizite Wiederaufnahme)

(9) *davon* und *damit* (Wiederaufnahme durch Pronominaladverbien)

(10) — (13) *reden, aneinander vorbeireden, mißverstehen, überhaupt nicht mehr reden; reden, verstehen; Verständnis*

Zwischen diesen Ausdrücken und Wendungen und dem Ausdruck „Kommunikation" besteht zwar kein explizites Wiederaufnahmeverhältnis, wohl aber eine gewisse semantische Kontiguität, also eine Art impliziter Wiederaufnahme (der Begriff der Kommunikation schließt die entsprechenden Wortinhalte mit ein).

Wie in Abschnitt 3.4.4.1. ausgeführt wurde, sind die dominierenden Referenzträger nicht mit dem Textthema bzw. den Textthemen gleichzusetzen. Für die Formulierung des Themas oder der Themen eines Textes ist auch zu berücksichtigen, was im Text über die Referenzträger ausgesagt wird. Wir erhalten dann zwei Themen (= Thesen):

1) Das biblische Pfingstereignis ist ein Beispiel für geglückte Kommunikation auf breiter Basis (Segment 1—7).[101]

[101] In den Segmenten 1—3 könnte man ein weiteres Thema sehen („Unser Verhältnis zu Pfingsten"), das aber insofern untergeordnet ist, als es Thema 1 kontrastierend vorbereitet.

2) Ein neuer Anfang zu verständnisvoller Kommunikation ist notwendig (implizit enthalten in der Überschrift sowie in den Segmenten 11—13).

Das zweite Thema ist das Hauptthema, da es mit der Textfunktion (Appell zum Neuanfang) in einem direkteren Begründungszusammenhang steht (nach dem in Abschnitt 3.4.4.1. aufgestellten Kompatibilitätsprinzip); das erste Thema ist Nebenthema; es hat eine ausgesprochene Rahmenfunktion (Situierung der Hauptthese).

Die Begründung der Hauptthese (Ein neuer Anfang ist notwendig) erfolgt in zwei Richtungen, einmal durch Hinweis auf die Mängel der gegenwärtigen Situation (explizit: *weil unsere Welt durch gestörte Kommunikation gekennzeichnet ist* — Segment 9/10), zum andern durch Angabe des Handlungsziels (explizit: *damit unsere Welt freundlicher und schöner wird* — Segment 14). Dieses Argument wird in gewisser Weise durch Thema 1 gestützt, indem das biblische Pfingstereignis als „Beleg" für die Richtigkeit der in Segment 14 ausgesprochenen Verheißung fungiert.

Die Schlußregel ist nur implizit, eine Stützung gar nicht ausgedrückt. Zur Wertbasis gehört vor allem die als konsensuell unterstellte Überzeugung von der fundamentalen Bedeutung verständnisvollen kommunikativen Handelns für die interpersonalen Beziehungen.

Der gesamte Argumentationszusammenhang kann schematisch folgendermaßen dargestellt werden; wir greifen dazu auf das in Abschnitt 3.5.3. entwickelte Argumentationsmodell zurück.

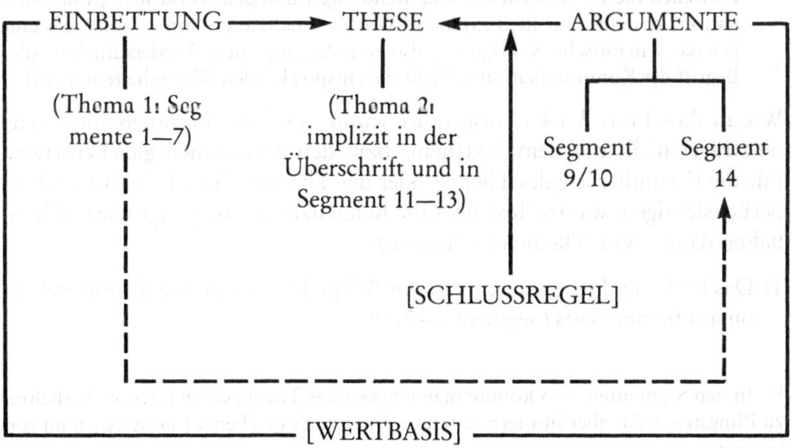

Zwischen den kommunikativ-pragmatischen und den strukturellen Eigenschaften des Textes bestehen recht komplexe determinative Beziehungen. Wir wollen das an zwei zentralen Textmerkmalen verdeutlichen:

— Der Emittent realisiert die Appellfunktion als Adhortativ, d. h., er bezieht sich in die Forderungen, die er stellt, selbst mit ein (= Textfunktion).

— Der Emittent wählt die argumentative Themenentfaltung (= Textstruktur).

Diese Textmerkmale entsprechen einerseits der sozialen Situation zwischen Emittent und Rezipient, die als eine symmetrische Beziehung gekennzeichnet werden kann (der Emittent kann nicht einfach zu einem bestimmten Verhalten auffordern); andererseits sind sie durch die Art des Themas bedingt. Das Thema (Neuanfang zu verständnisvoller Kommunikation) referiert auf ein Handeln, das nur in partnerschaftlicher Zusammenarbeit aller Kommunikationsteilhaber (einschließlich des Emittenten)[102] erfolgreich realisiert werden kann und das sowohl Einsicht als auch persönlichen Einsatz verlangt. Dazu paßt eine argumentative Themenentfaltung, bei deren sprachlicher Realisierung auch persuasive Mittel verwendet werden (z. B. rhetorische Fragen in Segment 3 und 5, die rhetorischen Figuren der Klimax und des Parallelismus in Abschnitt III und IV). Der Text gewinnt dadurch einen zunehmend emphatischen Charakter.

Wir wollen die an dem Beispieltext nur ansatzweise erörterten Beziehungen zwischen kommunikativ-pragmatischen und strukturellen Textmerkmalen[103] abschließend auf einer allgemeineren Ebene diskutieren, indem wir die hier bestehenden Zusammenhänge auf die linguistische Beschreibung von Textsorten beziehen.

[102] Der Emittent bemüht sich, zum Rezipienten eine partnerschaftliche Beziehung herzustellen. Dies drückt sich sprachlich darin aus, daß er sich sowohl in die Forderungen, die er stellt, als auch in die Kritik, die er äußert, mit einbezieht (vgl. Überschrift sowie Segment 11 und 12 einerseits, Segment 3 und 5 andererseits).

[103] Zu komplexeren Relationen zwischen Struktur und Funktion vgl. die Analyse einer Morgenandacht in Brinker 1998.

5. Analyse von Textsorten

5.1. Erläuterung der Fragestellung

Wir sind in Kap. 2 von der Frage ausgegangen, welche allgemeinen Bedingungen gegeben sein müssen, damit wir ein sprachliches Gebilde als „Text“ einstufen. Es wurde deutlich, daß es neben grammatischen und thematischen Kohärenzbedingungen vor allem die kommunikative Funktion (Textfunktion) ist, die eine Folge von sprachlichen Zeichen zu einem Text macht.

In der Textlinguistik werden diese allgemeinen Bedingungen — wie bereits gesagt — unter dem Begriff der Textualität zusammengefaßt.[1] Ein sprachliches Gebilde muß also gewisse Textualitätsmerkmale aufweisen, um als Text zu gelten.

Nun ist ein konkreter Text aber nicht nur eine Realisierung der allgemeinen Größe „Text“; er repräsentiert vielmehr zugleich auch eine bestimmte Textsorte, d. h., er ist ein Fernsehkommentar, eine Zeitungsnachricht, ein Kochrezept oder eine Werbeanzeige — um nur einige alltagssprachliche Namen für Textsorten zu nennen.

Textsorten (wir sprechen gleichbedeutend auch von Textklassen oder Texttypen) sollen zunächst ganz allgemein als komplexe Muster sprachlicher Kommunikation verstanden werden, die innerhalb der Sprachgemeinschaft im Laufe der historisch-gesellschaftlichen Entwicklung aufgrund kommunikativer Bedürfnisse entstanden sind. Der konkrete Text erscheint immer als Exemplar einer bestimmten Textsorte. Wir können sagen, daß sowohl unsere Textproduktion als auch unsere Textrezeption im Rahmen von Textsorten erfolgt. Den Textsorten kommt somit eine fundamentale Bedeutung für die kommunikative Praxis zu.

Für die Textlinguistik stellt sich damit eine weitere, über die Erforschung der Größe „Text“ im allgemeinen weit hinausgehende Aufgabe; sie hat die gesellschaftlich relevanten Textsorten zu ermitteln und in ihren konstitutiven

[1] Vgl. o. Kap. 2, Anm. 19

Merkmalen zu beschreiben.[2] Es handelt sich dabei allerdings um eine Forschungsaufgabe, die erst ansatzweise bearbeitet worden ist. Bisher existieren lediglich eine Reihe von z. T. recht verschiedenartigen Ansätzen zum Problem der Textsorten.[3] Von der Aufstellung einer geschlossenen und in sich stimmigen Texttypologie ist die Textlinguistik noch weit entfernt.

Lediglich für den Teilbereich der sog. literarischen Kommunikation stellt die (in Deutschland) auf das 18. Jahrhundert zurückgehende literarische Gattungslehre eine Textklassifikation bereit; sie geht von den drei Dichtungsarten (den sog. Großgattungen) Lyrik, Epik und Dramatik aus und unterscheidet innerhalb dieser Bereiche aufgrund formaler und inhaltlicher Merkmale eine Reihe von Gattungen im engeren Sinn („Genres"), z. B. Roman, Erzählung, Novelle, Fabel usw. im Bereich der Epik; Lied, Ode, Hymne, Sonett, Ballade usw. im Bereich der Lyrik; Tragödie, Komödie, Lehrstück, Posse usw. im Bereich der Dramatik. Allerdings ist die Lehre von den Gattungen innerhalb der Literaturwissenschaft nicht unumstritten; die gegebenen Definitionen sind zumeist nicht allgemein akzeptiert, oft auch unscharf; eindeutige Abgrenzungskriterien fehlen weitgehend; auch ist die Zuordnung konkreter Texte zu den Gattungen häufig recht problematisch. Wir können darauf im Rahmen dieser Einführung nicht weiter eingehen.[4] Es ist aber klar, daß eine allgemeine Texttypologie die literarischen Gattungen mit umfassen muß. Beim augenblicklichen Stand der Forschung kann darüber jedoch nichts Genaueres gesagt werden. Wir beschränken uns auch hier auf die nichtliterarischen Texte, die sog. Gebrauchstexte.[5]

Es stellt sich nun die Frage, welche Merkmale überhaupt als zentral für die Klassifizierung von Textsorten gelten können.

[2] Beide Fragenkomplexe sind eng aufeinander bezogen. Man kann sagen, daß eine exakte Beschreibung der Textualität von Texten eine Texttypologie voraussetzt, mit der sich die Textsortenzugehörigkeit konkreter Texte eindeutig bestimmten läßt, denn letztlich können nur auf einer solchen Grundlage textsortenspezifische Merkmale von generellen, d. h. allen Textsorten gemeinsamen Eigenschaften unterschieden werden (vgl. Gülich/Raible 1975, S. 147; Ermert 1979, S. 27; Dimter 1981, S. 2).

[3] Z. B. Glinz 1971; Gülich/Raible 1972; Steger u. a. 1974; Gülich/Raible 1975; Werlich 1975; Sandig 1978; Zimmermann 1978; Frier 1979; Marfurt 1980; Steger 1983; Sandig 1983; Isenberg 1984; Franke 1987; Franke 1991; vgl. neuerdings auch die zusammenfassenden Artikel von W. Heinemann in: Brinker/Antos/Heinemann/Sager 2000 (Art. 48: Textsorte — Textmuster — Texttyp; Art. 49: Aspekte der Textsortendifferenzierung)

[4] Vgl. dazu Knapp 1973, S. 258 ff.; Sanders 1977, S. 109 ff.

[5] Vgl. o. Kap. 2, Anm. 21

Nach H. Isenberg ist eine wesentliche Voraussetzung für den Aufbau einer adäquaten Texttypologie die Schaffung einer einheitlichen „Typologisierungsbasis“. An bisher vorgelegten Ansätzen zur Textsortendifferenzierung kritisiert Isenberg, daß die jeweils zugrunde gelegten Analysekategorien noch zu heterogen seien; es werde kein Kriterium erkennbar, „nach dem die jeweils getroffene Auswahl von Merkmalen gegenüber beliebigen anderen, ebenso anwendbaren Merkmalkombinationen begründet werden könnte.“[6]

Dieser Kritik ist durchaus zuzustimmen; wir müssen aber hinzufügen, daß die Typologisierungsbasis nicht nur homogen, sondern außerdem auch akzeptabel sein muß, d. h. zu Unterscheidungen führen sollte, die das intuitive Textsorten-Wissen der Sprachteilhaber bestätigen, diesem zumindest aber nicht widersprechen. Wenn sich nämlich die „theoretischen“ Textsorten der Wissenschaft zu weit von den „intuitiven“ Textsorten der Alltagswelt entfernen, besteht die Gefahr, daß die linguistische Forschung in diesem Bereich empirisch inadäquat wird.

Es liegt deshalb nahe, die Alltagssprache selbst daraufhin zu untersuchen, welche Textsorten in ihr vorkommen und welche Kriterien den alltagssprachlichen Textsortenunterscheidungen zugrunde liegen, kurz: durch welche Merkmale die alltagssprachlichen Textsortenvorstellungen, die sog. Alltagskonzepte, definiert sind.[7]

Diese Alltagskonzepte sind als Ausgangspunkt und Bezugsgrundlage für die linguistische Textsortenlehre zu betrachten. Allerdings müssen die alltagssprachlichen Vorstellungen über Textsorten — um überhaupt eine tragfähige Basis für die wissenschaftliche Textklassifikation bilden zu können — erst einmal explizit gemacht und die grundlegenden Kriterien sprachtheoretisch interpretiert, d. h. in systematischer Weise auf ein textlinguistisches Beschreibungsmodell bezogen werden.[8]

Aus diesen Überlegungen ergibt sich der Aufbau des vorliegenden Kapitels. Wir wollen uns zunächst mit dem Begriff der Textsorte beschäftigen, und zwar sowohl in alltagssprachlicher als auch in linguistischer Hinsicht. Es sollen dann — vor dem Hintergrund unserer sprachtheoretischen Unterscheidung von Textfunktion und Textstruktur — Grundkriterien der Textsortenabgrenzung entwickelt und an einigen Beispielen verdeutlicht werden.

[6] Isenberg 1978, S. 565 ff. (Zitat S. 571)
[7] Vgl. dazu Dimter 1981; Gülich 1986
[8] Vgl. auch Dimter 1981, S. 31

5.2. Textsorten in der Alltagssprache

Die fundamentale Bedeutung von Textsorten für unsere kommunikative Praxis kommt bereits darin zum Ausdruck, daß die Alltagswelt viele Bezeichnungen für Textsorten enthält.

M. Dimter hat im Rechtschreibduden von 1973 mehr als 1600 Textsortennamen gezählt, von denen aber „nur“ etwa 500 als „grundlegend“ gelten könnten; die übrigen Bezeichnungen seien als „abgeleitet“ zu charakterisieren; es handelt sich dabei häufig um Komposita. Als „grundlegend“ wird z. B. die Bezeichnung *Bericht* angesehen, während *Reisebericht, Arbeitsbericht, Ergebnisbericht* usw. als Ableitungen gelten.[9]

Die alltagssprachliche Textklassifikation ist — wie Dimter ausführt — nicht nur sehr umfassend, sondern auch ziemlich vielschichtig; sie erlaube recht feine Unterscheidungen (vgl. z. B. *Wetterbericht — Reisewetterbericht — Segelflugwetterbericht*), und sie könne ständig erweitert werden, wenn kommunikative Bedürfnisse dies erforderten (z. B. *Videotext, Bildschirmtext*).[10]

Hinsichtlich der zentralen Merkmale, die den alltagssprachlichen Textsortenbegriffen zugrunde liegen, kommt Dimter zu dem Ergebnis, daß die entscheidenden Kriterien im wesentlichen drei Kategorien angehören, der Kommunikationssituation, der Textfunktion und dem Textinhalt.[11] Wir wollen diese Kategorien durch einige Beispiele erläutern:

— Wenn wir uns Textsortenbegriffe wie *Anweisung, Auftrag, Kommentar, Nachricht, Gelöbnis* usw. ansehen, so erkennen wir, daß sie entscheidend durch die kommunikative Funktion des Textes, die Textfunktion, definiert sind. Der Emittent will den Rezipienten entweder dazu bringen, eine bestimmte Handlung zu tun (Anweisung, Auftrag) bzw. eine bestimmte Einstellung zu gewinnen (Kommentar), oder er will den Rezipienten über einen bestimmten Sachverhalt, ein bestimmtes Ereignis informieren (Nachricht) oder die Übernahme einer Verpflichtung signalisieren (Gelöbnis).

— Merkmale der Kategorie „Textinhalt“ sind für folgende Textsortennamen kennzeichnend: *Wetterbericht, Reisebericht, Sportbericht, Heiratsurkunde, Heiratsanzeige, Kochrezept, Arztrezept* usw. Diese Bezeichnungen thematisieren in ihrem ersten Bestandteil einen bestimmten Lebensbereich bzw. Weltinhalt;

[9] Vgl. Dimter 1981, S. 33 f.
[10] Vgl. Dimter 1981, S. 30
[11] Vgl. Dimter 1981, S. 35 sowie Kap. 3, 4, 5

der zweite Teil gibt dann die Textfunktion an. Eine genauere Analyse der Begriffe zeigt, daß der zweite Bestandteil den ersten dominiert, d. h., das Thema („Wetter", „Arzt", „Sport", „Heirat", „Reise" usw.) dient lediglich zur Spezifizierung bzw. Untergliederung der durch die Textfunktion bestimmten Textsorte („Bericht", „Urkunde", „Anzeige" usw.). So haben z. B. die Textsorten „Heiratsanzeige" und „Geburtsanzeige" zwar verschiedene Themen; entscheidend aber ist, daß sie beide zur Klasse der Anzeigen gehören, deren kommunikative Funktion darin besteht, ein bestimmtes Ereignis einem größeren Personenkreis bekannt zu machen. Demgegenüber gehören die Textsorten „Geburtsanzeige" und „Geburtsurkunde" trotz eines gemeinsamen Themas verschiedenen Klassen an, denn die Urkunde als amtliche Bescheinigung über die Geburt hat eine ganz andere Handlungsbedeutung und damit auch einen ganz anderen gesellschaftlichen Stellenwert als die Anzeige.

— Schließlich gibt es noch eine ganze Reihe von Bezeichnungen, die primär auf die Kommunikationssituation Bezug nehmen. Das gilt z. B. für *Face-to-Face-Gespräch, Brief, Telefongespräch, Rundfunksendung, Fernsehsendung, Telegramm, Zeitungsartikel, Buch* usw. So ist z. B. das situative Merkmal „zeitlicher und räumlicher Kontakt zwischen den Kommunikationspartnern" geeignet, um das direkte Gespräch (zeitlich und räumlich unmittelbar), das Telefongespräch (zeitlich unmittelbar, räumlich getrennt) und den Brief (zeitlich und räumlich getrennt) voneinander zu unterscheiden. Weitere Kriterien ergeben sich aus den zur Textübermittlung eingesetzten technischen Medien (Rundfunk, Fernsehen, Telefon usw.). Charakteristisch für die rein situativ bzw. medial definierten Ausdrücke ist, daß sie sich zur Benennung von Textsorten häufig mit Funktions- oder Inhaltsbezeichnungen verbinden, z. B. Fernseh*nachricht*, Zeitungs*nachrich*t, *Mahn*brief, *Kontakt*brief, *Ansichts*karte, *Gruß*telegramm.

Es fällt auf, daß die Textsortennamen der Alltagssprache nicht auf rein sprachliche (etwa grammatische) Merkmale verweisen. Daraus kann man aber nicht den Schluß ziehen, daß die sprachliche Gestaltung im engeren Sinn für die alltagssprachliche Textsortenbestimmung bedeutungslos wäre. Durch Tests kann vielmehr gezeigt werden, daß die grammatischen Strukturen für die Zuordnung von Texten zu einer Textsorte eine große Rolle spielen.[12] Daß sich diese Bedeutung nicht in den Textsortenbezeichnungen widerspiegelt, liegt wohl darin begründet, daß den sprachlichen Formen und Strukturen in

[12] Dimter 1981 (S. 33 f., S. 123 ff.) hat Informanten Texte vorgelegt, in denen alle bedeutungstragenden Einheiten durch Einheiten ersetzt wurden, die im Deutschen keine Bedeutung haben. Es ergab sich, daß für die Zuordnung der Texte zu der ent-

der kommunikativen Praxis eine mehr „dienende" Rolle zukommt, die Sprachstruktur also als Trägerstruktur für die kommunikativen Inhalte und Ziele fungiert.

Wir halten fest, daß die Textsorten der Alltagssprache hauptsächlich durch funktionale, thematische und situative Merkmale definiert sind. Dabei kommt der Textfunktion insofern eine dominierende Rolle zu, als sie den Kommunikationsmodus festlegt. Die Thematik besitzt lediglich eine spezifizierende Bedeutung[13]; die Situation gibt den Rahmen an, in dem sich der kommunikative Kontakt realisiert.

5.3. Der linguistische Textsortenbegriff

Die Textsortenproblematik ist innerhalb der Textlinguistik nicht mit der gleichen Intensität behandelt worden wie die Beschreibung der Textualitätsbedingungen. Es gibt zwar — wie bereits angedeutet — eine Reihe von Ansätzen zu einer Theorie der Textsorten; diese sind aber nur selten auf einer breiteren Materialbasis erprobt worden; auch wurden bisher relativ wenige Textsorten genauer beschrieben (z. B. Wetterbericht, Kochrezept, Nachricht, Horoskop, Witz, Kontaktanzeige, Briefsorten).[14]

Wenn man die linguistischen Ansätze zur Textsortentheorie sprachtheoretisch zu ordnen versucht, so entspricht das Ergebnis in etwa dem Bild, das wir in Kapitel 2 vom Forschungsstand der Textlinguistik insgesamt gezeichnet haben.

Auch in der linguistischen Textsortenlehre kann man — grob gesehen — zwei Hauptforschungsrichtungen unterscheiden[15]:

sprechenden Textsorte in der Regel die grammatische Struktur genügte (zumindest bei den strukturell stärker normierten Textsorten wie Todesanzeige, Wetterbericht, Testament, Spielregel, Kochrezept, Vertrag usw.).

[13] Vgl. auch Dimter 1981, S. 103

[14] Z. B. Sandig 1970 und 1978 (Wetterbericht, Kochrezept, Horoskop); Stolt 1976 (Heiratsanzeige); Marfurt 1977 und 1978 (Witz, Kontaktanzeige); Ermert 1979 (Briefsorten); Lüger 1983 (Journalistische Textsorten); Bucher 1986 (Pressekommunikation); Burger 1990 (Medien-Textsorten); Schuldt 1992 (Beipackzettel von Medikamenten); Klein 1991 (Politische Textsorten) u.a. — Vgl. auch die Bibliographie von Adamzik 1995. — Eine Darstellung zentraler Kommunikationsbereiche (wie Alltag, Massenmedien, Verwaltung, Wirtschaft und Handel, Politik u. a.) mit ihren konstitutiven Textsorten liegt neuerdings vor in: Brinker u. a. 2000, Art. 54—65.

[15] Vgl. dazu im einzelnen die kurze, übersichtliche Darstellung von Ermert 1979, S. 27 ff.

(a) den sprachsystematisch ausgerichteten Forschungsansatz, der aufgrund struktureller, d. h. vor allem grammatischer Merkmale (z. B. der Formen pronominaler Verknüpfung von Sätzen, des Gebrauchs deiktischer Elemente, der Verteilung von Tempora usw.) eine Beschreibung und Abgrenzung von Textsorten versucht,[16]

(b) den kommunikationsorientierten Forschungsansatz, der von situativen und kommunikativ-funktionalen Aspekten aus die Textsortenproblematik zu lösen beabsichtigt.[17]

Den sprachsystematisch ausgerichteten, strukturellen Untersuchungen ist es nicht gelungen, genauere textsortenspezifische Unterscheidungen zu begründen. Die aufgrund grammatischer Merkmale vorgeschlagenen Differenzierungen, z. B. in wissenschaftliche und nichtwissenschaftliche Texte, führen nicht sehr weit. Demgegenüber ist der kommunikations- bzw. handlungstheoretisch orientierte Forschungsansatz als weitaus erfolgversprechender zu beurteilen; er entspricht auch in viel höherem Maße unserem intuitiven (alltagssprachlichen) Textsorten-Wissen.

Unter handlungstheoretischer Perspektive können wir von der folgenden Textsorten-Definition ausgehen[18]:

Textsorten sind konventionell geltende Muster für komplexe sprachliche Handlungen und lassen sich als jeweils typische Verbindungen von kontextuellen (situativen), kommunikativ-funktionalen und strukturellen (grammatischen und thematischen) Merkmalen beschreiben. Sie haben sich in der Sprachgemeinschaft historisch entwickelt und gehören zum Alltagswissen der Sprachteilhaber; sie besitzen zwar eine normierende Wirkung, erleichtern aber zugleich den kommunikativen Umgang, indem sie den Kommunizierenden mehr oder weniger feste Orientierungen für die Produktion und Rezeption von Texten geben.

Während stark normierte Textsorten wie Wetterbericht, Kochrezept, Vertrag, Todesanzeige, Testament bis in die sprachliche Gestaltung hinein als weitgehend vorgeprägt erscheinen, gibt es bei anderen Textsorten wie Werbeanzeige, Zeitungskommentar, populärwissenschaftlicher Text usw. durchaus unterschiedliche Möglichkeiten der Ausführung, vor allem in struktureller

[16] Z. B. Harweg 1968, 1968a, 1968b; Weinrich 1972 u. a.

[17] Z. B. Glinz 1971; Steger u. a. 1974; Gülich/Raible 1975; Große 1976; Sandig 1978; Ermert 1979 u. a.

[18] Vgl. auch Ermert 1979, S. 41 ff.; Sandig 1978, S. 69 f.

Hinsicht. Allerdings handelt es sich dabei nicht nur um Spielräume für die individuelle Textgestaltung; diese Textsorten erscheinen vielmehr in verschiedenen typischen Ausprägungen oder Varianten, die ebenfalls konventionalisiert sind und die man als Subtypen der betreffenden Textsorten bezeichnen könnte.[19]

Wegen des noch recht lückenhaften Kenntnisstandes im Bereich der Textsorten-Linguistik ist es nicht bei jedem konkreten Text möglich, die für die betreffende Textsorte typischen Merkmale von den (allgemeinen) Bedingungen der Textualität einerseits und den individuellen (autorspezifischen) Eigenschaften andererseits genau zu trennen.

So kann auch die im folgenden vorgestellte Hierarchie von Kriterien zur Textsortendifferenzierung nur einen ersten Orientierungsrahmen für textsortenspezifische Analysen geben.

5.4. Differenzierungskriterien

5.4.1. Die Textfunktion als Basiskriterium

Vor dem Hintergrund des oben skizzierten Textsortenbegriffs handlungstheoretischer Prägung betrachten wir die Textfunktion als Basiskriterium zur Differenzierung von Textsorten.[20] Dieses Kriterium erscheint — sprachtheoretisch gesehen — als ausreichend begründet, und es bestimmt auch in hohem Maße unsere alltagssprachliche Textklassifikation.[21]

Seine Anwendung führt zur Unterscheidung der folgenden fünf Textklassen:

— Informationstexte (Nachricht, Bericht, Sachbuch, Rezension ...)

— Appelltexte (Werbeanzeige, Kommentar, Gesetz, Antrag ...)

— Obligationstexte (Vertrag, Garantieschein, Gelöbnis ...)

[19] Zum Verhältnis von konventionellem Stil und individuellen Spielräumen am Beispiel des politischen Kommentars vgl. Sandig 1978, S. 156 ff.
[20] Vgl. auch Brinker 1983, S. 144 ff. — An den in diesem Band entwickelten textfunktionalen Ansatz knüpft Rolf (1993) an, der auf dem Kriterium der Textfunktion eine umfassende Klassifikation von Gebrauchstextsorten aufzubauen versucht.
[21] Nach Dimter (1981, S. 116) enthalten über 80 % der untersuchten alltagssprachlichen Textsortenkonzepte „Informationen über die Textfunktion".

— Kontakttexte (Danksagung, Kondolenzschreiben, Ansichtskarte ...)

— Deklarationstexte (Testament, Ernennungsurkunde ...)

Die durch das Kriterium der Textfunktion abgegrenzten Klassen sind aber noch recht umfangreich; sie können unter dem Aspekt der alltagssprachlichen Textsortendifferenzierung als Textsortenklassen[22] interpretiert werden. Eine Annäherung an die Textsorten (im engeren Sinn) ist dadurch zu erreichen, daß innerhalb dieser Großklassen eine weitere Unterscheidung (in Subklassen) vorgenommen wird. Welche Kriterien können nun zur Subklassifizierung herangezogen werden, ohne daß die Homogenitätsforderung (s. o. Abschnitt 5.1.) verletzt wird?

Aus unserem Beschreibungsansatz sind zwei Kriteriengruppen abzuleiten, die eng mit dem Basiskriterium „Textfunktion" verknüpft sind und die z. T. bereits besprochen wurden.

Es handelt sich dabei einerseits um kontextuelle (situative), andererseits um strukturelle, insbesondere thematische Merkmale.

Mit Hilfe dieser Kriterien lassen sich dann auch Textsorten, die aufgrund ihrer kommunikativen Grundfunktion ein und derselben Textsortenklasse zugeordnet sind (z. B. die appellativen Textsorten „Werbeanzeige" und „Arztrezept"), voneinander abgrenzen.

5.4.2. Kontextuelle Kriterien

Texte sind — wie bereits mehrfach betont wurde — immer in abgrenzbare Kommunikationssituationen eingebettet; situative Faktoren beeinflussen wesentlich die Ausprägung der Textstruktur. Diesem Zusammenhang muß auch die Textsortenlehre Rechnung tragen und Textsorten auf Typen von Kommunikationssituationen beziehen. Allerdings ist dieser Bereich im einzelnen noch recht unerforscht; wir können auch noch nicht auf eine ausgearbeitete Situationstypologie zurückgreifen.

Wir müssen uns auf der situativen Beschreibungsebene deshalb auf die beiden Analysekategorien „Kommunikationsform" und „Handlungsbereich" beschränken.

[22] Auch Gülich/Raible (1975, S. 169) unterscheiden zwischen Textsortenklasse (z. B. literarische Erzählung) und Textsorten (z. B. Novelle, Roman, Märchen), allerdings aufgrund anderer Kriterien. — Große (1976, S. 115) spricht von „Textklasse" („alle Textexemplare, in denen eine Funktion dominiert").

(a) Zum Begriff der Kommunikationsform

Die Kommunikationssituation wird entscheidend durch das Medium bestimmt, das zur Übermittlung von Texten eingesetzt wird. Wir können im wesentlichen fünf Medien unterscheiden: Face-to-face-Kommunikation, Telefon, Rundfunk, Fernsehen und Schrift.[23] Jedes dieser Medien ist durch spezifische Gegebenheiten der Kommunikationssituation gekennzeichnet; es bestimmt dadurch den kommunikativen Kontakt zwischen den Kommunikationspartnern.

Während z. B. für die Face-to-face-Kommunikation eine dialogische Kommunikationsrichtung (KR), ein in zeitlicher und räumlicher Hinsicht unmittelbarer Kontakt (KO) zwischen den Kommunizierenden sowie die gesprochene Sprache (S) charakteristisch sind, sind mit dem Medium „Schrift" zumeist eine monologische Kommunikationsrichtung, das zeitliche und räumliche Getrenntsein der Kommunikationspartner sowie die geschriebene Sprache verbunden.

Die besonderen situativen Merkmale der einzelnen Medien begründen also verschiedene Arten oder Formen der Kommunikation.[24]

Die wichtigsten sind:

— *das direkte Gespräch* (*face-to-face*)
KR: dialogisch — KO: akustisch und optisch; räumlich und zeitlich unmittelbar — S: gesprochen

— *das Telefongespräch*
KR: dialogisch — KO: akustisch; zeitlich unmittelbar, räumlich getrennt — S: gesprochen

— *Rundfunksendung*
KR: monologisch — KO: akustisch; zeitlich unmittelbar (bei Live-Sendungen) oder getrennt (bei Aufzeichnungen), räumlich getrennt — S: gesprochen

— *Fernsehsendung*
KR: monologisch — KO: akustisch und optisch; zeitlich unmittelbar oder getrennt (wie Rundfunksendung), räumlich getrennt — S: gesprochen (und geschrieben)

[23] Vgl. auch Weber 1982, S. 9 ff.

[24] Zum Begriff der Kommunikationsform vgl. Ermert 1979, S. 59 ff. (mit einer detaillierten Übersicht über Unterschiede und Gemeinsamkeiten verschiedener Kommunikationsformen).

— *Brief*
KR: monologisch[25] — KO: zeitlich und räumlich getrennt — S: geschrieben
— *Zeitungsartikel/Buch*
KR: monologisch — KO: zeitlich und räumlich getrennt — S: geschrieben

Für diese Kommunikationsformen ist charakteristisch, daß sie — im Unterschied zu den Textsorten — allein durch situative bzw. mediale Merkmale definiert, in kommunikativ-funktionaler Hinsicht also nicht festgelegt sind.

Wir können uns das recht gut am Beispiel der Kommunikationsform „Brief" verdeutlichen. Wir unterscheiden hier z. B. appellative Briefe (Mahnbrief, Bittbrief, Offener Brief, Hirtenbrief usw.), informative Briefe (Geschäftsbrief, viele Formen des privaten Mitteilungsbriefs, aber auch literarische Briefe), Kontaktbriefe (Glückwunsch-, Kondolenz-, Liebesbrief usw.).

Die Kommunikationsformen sind also multifunktional[26], während die Textsorten nach unserer Definition immer an eine bestimmte (dominierende) kommunikative Funktion (die Textfunktion) geknüpft sind.

Wie stark die Kommunikationsformen die Textstruktur bestimmen, ließe sich z. B. durch eine Gegenüberstellung von Anzeigen-, Rundfunk-, Fernseh- und Plakatwerbung oder von direktem Beratungsgespräch, Telefonberatung und gedrucktem Ratgeber deutlich machen.

Es ist deshalb sinnvoll, die Unterscheidung von Textsorten im Rahmen von Kommunikationsformen vorzunehmen.

(b) Zum Begriff des Handlungsbereichs

Die Kommunikationssituationen, die den Rahmen für Textsorten bilden, sind bestimmten gesellschaftlichen Bereichen zugeordnet, für die jeweils spezifische Handlungs- und Bewertungsnormen gelten. Alltagswelt, Welt der

[25] Wir betrachten den Brief nicht als eine primär dialogische Kommunikationsform, wenn auch ein Richtungswechsel prinzipiell möglich ist (Brief — Antwortbrief). Im Unterschied zu Sprecherbeiträgen eines Gesprächs sind die einzelnen Briefe eines Briefwechsels immer Einzeltexte, die zwar aufeinander bezogen sind, in sprachlicher und kommunikativer Hinsicht aber in sich abgeschlossene Einheiten darstellen. Ermert betrachtet den Brief demgegenüber als eine unter dem Aspekt der Kommunikationsrichtung unmarkierte (neutrale) Form, „da Briefkommunikation zwar sicher zu einem großen Teil tatsächlich und immer potentiell dialogisch ist, aber ebenso auch monologisch sein kann" (1979, S. 62).

[26] Terminus nach Belke (1973, 142), der von der „Multifunktionalität" des Briefes spricht.

Wissenschaft, des Rechts, der Kunst, der Religion sind z. B. solche Bereiche.[27] Sie müßten allerdings in inhaltlicher Hinsicht noch weiter differenziert werden (insbesondere im Hinblick auf die Regeln und sozialen Normen, die für sie jeweils konstitutiv sind); das ist beim augenblicklichen Stand der Forschung auf diesem Gebiet aber noch kaum möglich.

Wir wollen die Bereiche deshalb nicht inhaltlich bestimmen, sondern die Art des Rollenverhältnisses zwischen den Kommunikationspartnern[28] in den Vordergrund rücken und zwischen privatem, offiziellem und öffentlichem Handlungsbereich unterscheiden.[29]

Für den privaten Bereich ist charakteristisch, daß Emittent und Rezipient in privaten Rollen, d. h. als Privatpersonen (als Familienangehörige, Freunde usw.), miteinander kommunizieren.

Im offiziellen Bereich treten sich die Kommunizierenden in offizieller Funktion (Rolle), d. h. als Geschäftspartner, Firmen, Behörden, also im wesentlichen als Amtspersonen und Institutionen gegenüber. Die bestehenden Regeln des Verhaltens und Geltens haben im offiziellen Bereich einen bei weitem höheren Grad an Verbindlichkeit als im privaten Bereich.

Unter „offiziell" kann das bereits diskutierte Merkmal „bindend" subsumiert werden (vgl. o. S. 106), das innerhalb der situativen Kategorie „Handlungsbereich" ein wichtiges Differenzierungsmerkmal für Textsorten darstellt. Als ein Hinweis darauf können die unterschiedlichen Benennungen gelten, die es in der Alltagssprache z. B. im Bereich der Texte mit appellativer Grundfunktion für bindende und nicht-bindende Texte gibt (vgl. etwa *Weisung, Anordnung, Auftrag, Gesetz* gegenüber *Anweisung, Vorschlag, Anleitung* usw.).

Der öffentliche Bereich steht im Gegensatz zum privaten; er kann sich mit dem offiziellen Bereich überschneiden (etwa bei Gesetzen, Gerichtsentscheidungen usw.). Wir beziehen den Terminus „öffentlich" vor allem auf die Medien der Massenkommunikation wie Presse, Funk und Fernsehen.

[27] Vgl. auch die „Typen von Kommunikationsprozessen" bei Gülich/Raible 1975, S. 152

[28] Unter einer „Rolle" versteht man in den Sozialwissenschaften einen „Komplex von Verhaltenserwartungen", die normativen Charakter haben. Jede Rolle ist an eine bestimmte gesellschaftliche Position geknüpft (vgl. dazu Dreitzel 1972, S. 95 ff.). Beispiele für soziale Rollen sind: Kind, Patient, Eltern, Seelsorger, Soldat, Fußballspieler, Ehemann, Nachbar usw.

[29] Vgl. dazu Ermert 1979, S. 75 f., der allerdings nur zwischen privatem und offiziellem Handlungsbereich unterscheidet.

Die Differenzierung der Handlungsbereiche in die Kategorien „privat", „offiziell" und „öffentlich" ist sicherlich noch recht grob; sie ist aber für die Textsortenbestimmung insofern von großer Bedeutung, als sich bereichsspezifische sprachliche und kommunikative Muster (bis hin zu einzelnen typischen Formulierungen) herausgebildet haben. So gibt es Textsorten, die für diese Bereiche jeweils besonders typisch sind, etwa die Ansichtskarte oder verschiedene Formen des Privatbriefs für den privaten Handlungsbereich, Gesetze, Urteile, Verordnungen usw. für den offiziellen Bereich und Nachrichten, Kommentare, Anzeigen usw. für den öffentlichen Bereich.

Daß die Handlungsbereiche gerade auch die Ausprägung der Textstruktur in hohem Maße beeinflussen, wird deutlich, wenn man sich die großen Unterschiede in der Sprach- und Themengestaltung von Privatbriefen einerseits und von Geschäfts- bzw. Behördenkorrespondenz andererseits vergegenwärtigt.

Beispiele:

(1) Textsorte: Liebesbrief (Ausschnitt aus einem Brief Goethes an Christiane Vulpius vom 10. 9. 1792); Handlungsbereich: „privat" (Rezipient ist vertraut — Anrede mit *„Du"*)

Behalte mich ja lieb! denn ich bin manchmal in Gedanken eifersüchtig und stelle mir vor: daß dir ein andrer besser gefallen könnte, weil ich viele Männer hübscher und angenehmer finde als mich selbst. Das mußt du aber nicht sehen, sondern du mußt mich für den besten halten, weil ich dich ganz entsetzlich lieb habe und mir außer dir nichts gefällt. Ich träume oft von dir, allerlei konfuses Zeug, doch immer, daß wir uns lieb haben. Und dabei mag es bleiben.

(aus: Goethes Briefe. Bd. II. Hamburg 1964, S. 154 f.)

(2) Textsorte: Geschäftsbrief (genauer: Mahnbrief mit Hinweis auf den Rechtsweg); Handlungsbereich: „offiziell"

In den nächsten Tagen wollen wir unseren geplanten Auslandsaufenthalt antreten. Deshalb erwarten wir Ihre Überweisung bis spätestens 10. 12. Wenn das Geld bis dahin nicht eingetroffen ist, werden wir die Angelegenheit unserem Rechtsanwalt übergeben. Wir sind jedoch sicher, daß es nicht soweit kommen wird.

(aus: B. Lubbers, Persönliche und geschäftliche Briefe im Privatleben. 5. Aufl. Landsberg 1982, S. 235)

5.4.3. Strukturelle Kriterien

In struktureller Hinsicht betrachten wir vor allem die thematischen Kategorien „Textthema" und „Form der Themenentfaltung" als grundlegend für die Textsortendifferenzierung. Wir wollen das kurz erläutern.

Kriterium 1: Art des Textthemas

Wenn wir von der Art des Textthemas sprechen, so ist dabei nicht an eine Auflistung aller im Rahmen einer Textsorte möglichen Themen gedacht. Eine solche Aufstellung liefe darauf hinaus, „die gesamte ‚Kommunikationswelt' einer Gesellschaft in einem Themenlexikon"[30] zu erfassen. Das ist aber weder leistbar noch nötig. Es genügt, gewisse thematische Restriktionen anzugeben. Wie diese Beschränkungen im einzelnen zu formulieren sind, müßte allerdings noch untersucht werden (vgl. dazu die Hinweise in Abschnitt 3.5.). Wir wollen an dieser Stelle nur auf zwei allgemeine Aspekte hinweisen, die K. Ermert zur thematischen Differenzierung von Briefsorten verwendet[31], die aber wohl für die Textsortenabgrenzung generell von Bedeutung sind:

— die zeitliche Fixierung des Themas relativ zum Sprechzeitpunkt („temporale Orientierung", z. B. vorzeitig, gleichzeitig, nachzeitig).

Beispiel: Die Textsorten „Nachricht", „Protokoll" und „Horoskop" gehören sämtlich zur informativen Textsortenklasse; sie sind aber durch eine unterschiedliche temporale Orientierung des Themas charakterisiert (vorzeitig versus gleichzeitig versus nachzeitig).

— die Relation zwischen Emittent bzw. Rezipient und Thema („lokale Orientierung", also: Thema = Emittent; Thema = Rezipient; Thema = außerhalb der Kommunikationspartner).

Beispiel: Die Textsorten „Werbeanzeige", „Stellenanzeige" und „Zeitungskommentar" sind der appellativen Textsortenklasse zuzuordnen; sie differieren aber im Hinblick auf die lokale Orientierung des Themas. Werbeanzeigen bieten ein Produkt (eine Ware) des Emittenten an (Thema = Emittent); in Stellenanzeigen werden Personen gesucht, die zugleich Adressaten der Anzeige sind (Thema = Rezipient); Zeitungskommentare beziehen sich primär auf aktuelle Themen von politisch-gesellschaftlicher Bedeutung (Thema = außerhalb der Kommunikationspartner).

Kriterium 2: Form der thematischen Entfaltung

Dieses Merkmal wurde bereits in Abschnitt 3.5. im einzelnen erläutert. Wir haben hier zwischen deskriptiver, narrativer, explikativer und argumentativer Themenentfaltung unterschieden. Am Beispiel der deskriptiven Themenentfaltung wurde deutlich, daß die Art des Themas und die Möglichkei-

[30] Ermert 1979, S. 82
[31] Vgl. Ermert 1979, S. 81 f.; vgl. auch Dimter 1981, S. 96 ff.

ten seiner Entfaltung z. T. eng aufeinander bezogen sind. Über diese Beziehungen ist aber noch wenig bekannt.

Das gilt auch für den Zusammenhang zwischen den Grundformen der thematischen Entfaltung und den Textfunktionen. Wir können feststellen, daß hier kein 1:1-Verhältnis besteht. Die besprochenen Verfahren werden durchaus in verschiedenen Textsortenklassen verwendet, allerdings in unterschiedlicher Gewichtung. Die Domäne der deskriptiven Themenentfaltung sind die informativen Textsorten „Nachricht" und „Bericht", die der explikativen Themenentfaltung die informativen Textsorten „Lehrbuch" und „wissenschaftlicher Text", die der argumentativen Themenentfaltung die appellativen Textsorten „Kommentar" und „Werbe- bzw. Propagandatext". In diesen Textsorten können — wie bereits ausgeführt wurde — noch andere Entfaltungsformen realisiert werden, wesentlich ist aber die dominierende Form; sie bestimmt primär die thematische Textstruktur.

Wenn zwischen den Textfunktionen und den Formen der thematischen Entfaltung auch keine 1:1-Beziehung gegeben ist, so haben wir doch wohl Grade der Kompatibilität zu unterscheiden. So sind z. B. die informativen Textsorten „Nachricht" und „Bericht" kaum mit einer argumentativen Struktur verbindbar.

Wesentlich für die Textsortendifferenzierung ist schließlich noch die Art, wie die Grundformen thematischer Entfaltung in den Textsorten realisiert werden. Wir nehmen an, daß es für jede Grundform bestimmte (konventionalisierte) Formen der Realisierung gibt. Welche Realisationsformen allerdings anzusetzen sind und wie sie im einzelnen beschrieben werden können, ist noch weitgehend ungeklärt.[32] Wir schlagen vor, die Realisationsformen von den thematischen Einstellungen des Emittenten her zu kennzeichnen (vgl. o. Abschn. 4.3.2.2.). Wir können dann im Bereich der deskriptiven Themenentfaltung zwischen „sachbetonter" und „meinungsbetonter" Realisierung unterscheiden (z. B. Zeitungsnachricht gegenüber Buchbesprechung) oder im Bereich der argumentativen Themenentfaltung eine „persuasiv-überredende" und eine „rational-überzeugende" Form der Musterrealisierung voneinander abheben (z. B. Werbeanzeige gegenüber Zeitungskommentar).[33] Da die Realisierung der Grundformen primär durch kommunikativ-funktionale und situative Faktoren determiniert ist, ist die Analysekategorie „Realisationsform"

[32] Vgl. Brinker 1983, S. 146

[33] Zu den entsprechenden thematischen Einstellungen vgl. o. Abschnitt 4.4.2. und 4.4.3.

in besonderer Weise geeignet, die strukturellen und kommunikativ-pragmatischen Aspekte der linguistischen Textanalyse zu verbinden.

Wir müssen uns hier mit diesen Andeutungen begnügen. Die Textlinguistik ist noch zu wenig entwickelt, um diese Zusammenhänge bereits in Regeln fassen zu können.

5.4.4. Zur Hierarchisierung der Kriterien

Wie bereits angedeutet, legen wir hinsichtlich der Rangordnung der Kriterien fest, daß die Textfunktion die Textsortenklasse definiert, während die einzelnen Textsorten innerhalb einer Klasse durch die Kategorien „Kommunikationsform" und „Handlungsbereich" sowie „Art des Textthemas" und „Form der thematischen Entfaltung" abgegrenzt werden. Eine Texttypologie, die auf diesen Kriterien basiert, wird zwar nicht völlig mit der alltagssprachlichen Textklassifikation übereinstimmen; sie dürfte aber zumindest weitgehend mit ihr kompatibel sein.

Abschließend ist zu betonen, daß die aufgeführten Kriterien primär zur Abgrenzung von Textsorten dienen; eine Beschreibung von Textsorten hat vor allem noch Merkmale zu berücksichtigen, die die sprachliche Gestaltung des Textes betreffen (Syntax, Lexik usw.). Aufgrund der vorgeschlagenen Kriterien kann zumindest der Bereich der Gebrauchstexte so weit gegliedert werden, daß eine systematische Untersuchung sog. textsortenspezifischer sprachlicher Formen und Strukturen auf breiter Textbasis möglich wird. Wir nehmen an, daß es sich dabei in erster Linie um gewisse Präferenzen einzelner Textsorten für bestimmte lexikalische und/oder syntaktische Mittel handelt, die mit quantitativ-statistischen Methoden zu erfassen sind.[34]

5.5. Darstellung der Analyseschritte an einem Beispiel

Die Differenzierung von Textsorten (wie auch die Zuordnung konkreter Texte zu einer Textsorte) kann in folgenden eng aufeinander bezogenen Schritten erfolgen[35]:

[34] Vgl. auch Dimter 1981, S. 34f.

[35] Auf der Grundlage des in diesem Band entwickelten textfunktionalen Beschreibungsansatzes wurden bisher für folgende Textbereiche Textsortenklassifizierungen vorgenommen: Burger 1990 (Medien-Textsorten), Birkenmaier/Mohl 1991 (russische Fachtextsorten), Artmann 1996 (Erpresserschreiben).

Schritt 1: Beschreibung der Textfunktion

Schritt 2: Beschreibung der Kommunikationsform und — häufig eng damit verknüpft — des Handlungsbereichs

Schritt 3: Beschreibung von thematischen Restriktionen (vor allem im Hinblick auf die temporale und die lokale Orientierung)

Schritt 4: Beschreibung des zugrunde liegenden thematischen Musters (der Grundform der thematischen Entfaltung) und der Art der Musterrealisierung (der Realisationsform)

Schritt 5: Beschreibung textsortenspezifischer sprachlicher (lexikalischer und syntaktischer) und ggf. nichtsprachlicher Mittel

Wir wollen diese Schritte in aller Kürze an der Textsorte „Wetterbericht" verdeutlichen[36]:

Zu 1) Die Textsorte „Wetterbericht" ist der informativen Textsortenklasse zuzuordnen. Dominant ist die Informationsfunktion; sie besteht darin, daß der Emittent dem Rezipienten ein Wissen über gegenwärtige und künftige Ereignisse bzw. Zustände vermitteln will. Die Textfunktion wird in der Regel nicht direkt signalisiert (s. o. Abschnitt 4.3.2.2. Kriterium I). Als ein Hinweis auf die Textfunktion kann die Überschrift (*das Wetter* o. ä.) bzw. die Ankündigung (*unser Wetter, das Wetter von morgen* o. ä.) betrachtet werden.

Zu 2) Die Textsorte „Wetterbericht" wird in verschiedenen Kommunikationsformen realisiert (als Zeitungsartikel, als Rundfunk- oder Fernsehsendung)[37] und ist dem öffentlichen Handlungsbereich zugeordnet.

Zu 3) Das Thema ist fixiert („Wetter"); es liegt außerhalb der Kommunikationspartner („lokale Orientierung") und ist unter dem Aspekt der temporalen Orientierung durch die Merkmale „gleichzeitig" (Wetterlage) und „nachzeitig" (Wetteraussichten) gekennzeichnet.

Zu 4) Für die Textsorte „Wetterbericht" ist die deskriptive Themenentfaltung grundlegend. Das Thema („Wetter") wird durch Orts- und Zeitangaben situiert und durch die Teilthemen „Wetterlage" und „Wetteraussichten" (weiter

[36] Zur Textsorte „Wetterbericht" vgl. etwa Rath 1968; Sandig 1970; Scherner 1973. — Wir stützen uns im folgenden vor allem auf die Ausführungen von Sandig 1970, S. 179—184.

[37] Es handelt sich dabei um verschiedene Varianten der Textsorte „Wetterbericht" (vgl. auch Sandig 1978, S. 87).

untergliedert in „Wettererscheinungen", „Temperaturen", „spätere Wettergestaltung") spezifiziert. Die Anordnung der Teilthemen ist festgelegt: Der natürlichen Zeitfolge entsprechend folgt die Wettervorhersage in der Regel dem Bericht über die Wetterlage.

Zu 5) In sprachlich-grammatischer Hinsicht ist für die Textsorte „Wetterbericht" charakteristisch, daß das Teilthema „Wetterlage" durch sog. vollständige Sätze, das Teilthema „Wetteraussichten" aber durch elliptische Sätze (nach verschiedenen Kurzsatzmustern) realisiert wird. Damit hängt zusammen, daß die grammatische Kohärenz besonders in Teil 2 („Wetteraussichten") nur schwach ausgeprägt ist.

Mit der thematischen Begrenztheit ist verbunden, daß der verwendete Wortschatz einen recht geringen Umfang hat; neben Lexemen aus dem Bereich des Wetters (darunter auch fachsprachliche Termini wie *Luftdruckgegensatz, Hoch, Tiefdrucksystem* usw.) finden wir vor allem Orts- und Zeitangaben.

Abschließend gehen wir von einem konkreten Text aus und prüfen, ob er der Textsorte „Wetterbericht" zuzuordnen ist.

Beispiel:

Hochsommer in Hamburg

(1) Nach einer Reihe von trüben Tagen ist der Sommer auch in Hamburg zurückgekehrt. (2) Schon heute steigen die Temperaturen wieder auf 25 Grad an. (3) Für das Wochenende sagen die Meteorologen hochsommerliches Wetter voraus. (4) An der Küste kann vorübergehend leichte Bewölkung aufkommen. (5) Die neue Schönwetterperiode soll auch in der kommenden Woche anhalten.

(6) Besonders warm war es gestern in Süddeutschland. (7) Das Thermometer kletterte auf 26 Grad. (8) Die Wetterstation auf Deutschlands höchstem Berg, der Zugspitze, meldete bei starker Sonneneinstrahlung fünf Grad Wärme. (9) Die Schneedecke ist hier bis auf einen etwa 35 Zentimeter hohen Rest abgetaut.

(aus: Hamburger Abendblatt v. 12. 8. 1982)

Der Text gehört zweifellos zur Klasse der Informationstexte. Die Textfunktion ist nicht direkt signalisiert. Der Emittent bringt aber — im Unterschied zum Wetterbericht — seine thematische Einstellung zum Ausdruck, indem er in den Segmenten 3 und 5 explizit die Sicherheit seines Wissens einschränkt (*... sagen die Meteorologen ... voraus; ... soll ... anhalten*).

Der Text ist als Zeitungsartikel realisiert; er steht aber — im Unterschied zum Zeitungswetterbericht — unter einer konkreten (inhaltsbezogenen) Überschrift (*Hochsommer in Hamburg*) und ist nicht im Rahmen einer festen, typographisch vom übrigen Text deutlich abgesetzten Rubrik erschienen.

Die Themenentfaltung ist deskriptiv. Die grundlegenden thematischen Kategorien sind die Situierung und die Spezifizierung. Im ersten Abschnitt wird das Thema „Hochsommer (in Hamburg)“ durch die Teilthemen „Temperaturen“ und „Wetteraussichten“ spezifiziert. Die für die Textsorte „Wetterbericht“ typische Zweiteilung in thematischer Hinsicht (die ja explizit und implizit realisiert werden kann) ist noch erkennbar (Wetterlage: Segment 1/2 — Wettervorhersage: Segment 3/4). Der zweite Textabschnitt paßt allerdings gar nicht in das Schema des Wetterberichts; der Emittent berichtet hier über ein vergangenes Ereignis (das gestrige Wetter in Süddeutschland; Schwerpunkt: Temperaturen); dieser Abschnitt hat eine ergänzende Funktion.

In sprachlicher Hinsicht entspricht der Text dem Wetterbericht vor allem in den beiden folgenden Merkmalen:

— Die Sätze sind grammatisch kaum verknüpft (etwa durch Pro-Formen, Konjunktionen o. ä.); die Textkohärenz ist fast ausschließlich thematisch bedingt.

— Lokal- und Temporalangaben sind häufig.

Im Unterschied zum regulären Wetterbericht enthält der Text aber durchweg vollständige Sätze.

Insgesamt ergibt sich, daß unser Text kein typisches Exemplar der Textsorte „Wetterbericht“ darstellt; er ist — streng genommen — überhaupt kein Wetterbericht, sondern ein Bericht über das Wetter (in Hamburg und Süddeutschland) und somit einer anderen Textsorte innerhalb der informativen Textsortenklasse zuzurechnen, etwa der Textsorte „Ereignisbericht“, wobei die Nähe zum Wetterbericht eine stärker festgelegte (konventionalisierte) thematische Abfolge bedingt.

6. Zusammenfassung

6.1. Übersicht über Kategorien und Kriterien der linguistischen Textanalyse

Zunächst wollen wir die behandelten Analysekategorien und -kriterien in einer Übersicht zusammenfassen.

Ausgangspunkt ist die für sprachwissenschaftliche Untersuchungen grundlegende Unterscheidung von Struktur und Funktion. Unter strukturellem Aspekt heben wir eine grammatische und eine thematische Strukturebene voneinander ab.

Als zentrale Analysekategorie der grammatischen Ebene wird die grammatische Kohärenz angesehen, die auf den syntaktischen und semantischen Verknüpfungsbeziehungen zwischen den Sätzen des Textes beruht.

Auf der thematischen Ebene geht es um die Struktur des Textinhalts, die als Gefüge von Beziehungen zwischen dem thematischen Kern (dem Textthema) und den in den Propositionen bzw. propositionalen Komplexen des Textes ausgedrückten Teilinhalten bzw. Teilthemen aufgefaßt wird. Die wichtigsten Analysekategorien dieser Ebene sind „Textthema“ und „Form der Themenentfaltung“.

Der zweite Grundaspekt der linguistischen Textanalyse, der kommunikativ-funktionale Aspekt, bezieht sich auf den Handlungscharakter des Textes, d.h. auf seine Bedeutung in der kommunikativen Beziehung zwischen Emittent und Rezipient. Als Analysekategorie fungiert hier die Textfunktion, die als die im Text konventionell ausgedrückte dominierende Kommunikationsintention des Emittenten definiert wird. Eine Art „Zwischenstatus“ zwischen Struktur und Funktion kommt der thematischen Einstellung zu. Sie ist einerseits auf Textthema und Themenentfaltung bezogen; andererseits beeinflußt sie die Ausprägung der Textfunktion.

Den Analysekategorien sind jeweils eine Reihe von Kriterien zugeordnet, die wir nicht noch einmal im einzelnen besprechen wollen.

Der Zusammenhang von Beschreibungsaspekten, Analysekategorien und Analysekriterien läßt sich schematisch folgendermaßen darstellen:

<table>
<tr><th colspan="2">Beschreibungs-aspekte</th><th colspan="2">Analysekategorien</th><th>Analysekriterien</th></tr>
<tr><td colspan="2">kommunikativ-funktionaler Aspekt</td><td colspan="2">Textfunktion</td><td>informativ
appellativ
obligatorisch
kontaktspezifisch
deklarativ
— direkt signalisiert
— indirekt signalisiert</td></tr>
<tr><td rowspan="6">struktureller Aspekt</td><td rowspan="5">thematische Ebene</td><td rowspan="3">Thema</td><td>Art</td><td>Ereignis, Gegenstand, These usw.</td></tr>
<tr><td>lokale Orientierung</td><td>auf Emittenten/Rezipienten bezogen/ außerhalb von Emittent und Rezipient</td></tr>
<tr><td>temporale Orientierung</td><td>vorzeitig, gleichzeitig, nachzeitig, zeitlos</td></tr>
<tr><td rowspan="2">Themenentfaltung</td><td>Grundform</td><td>deskriptiv
narrativ
explikativ
argumentativ</td></tr>
<tr><td>Realisationsform</td><td>deskriptiv-sachbetont/-meinungsbetont rational-überzeugend/persuasiv-überredend usw.</td></tr>
<tr><td>grammatische Ebene</td><td colspan="2">grammatische Kohärenz</td><td>Wiederaufnahme — explizit / implizit
Tempuskontinuität
konjunktionale Verknüpfung
semantische Vertextungstypen
usw.</td></tr>
</table>

Darüber hinaus wird noch der situative Aspekt berücksichtigt; er bezieht sich auf Faktoren der Kommunikationssituation, die die Ausprägung der Textstruktur beeinflussen. Da dieser Bereich noch recht unerforscht ist, bleibt die Darstellung hier auf die beiden Kategorien „Kommunikationsform" und „Handlungsbereich" beschränkt.

6.2. Übersicht über die Analyseschritte

Abschließend wollen wir die in den einzelnen Abschnitten entwickelten Analyseschritte noch einmal systematisch zusammenstellen.

Es ist ein methodischer Grundsatz einer jeden Textanalyse, daß man vom Text als Ganzem zu den konstituierenden Einheiten und Strukturen vorzugehen hat. Daraus ergeben sich folgende Arbeitsschritte bei der Analyse eines konkreten Textes.

Schritt 1:

Analyse des Kontextes unter folgenden Aspekten:

— Beschreibung der kontextuellen Merkmale (Kommunikationsform/Handlungsbereich), insbesondere im Hinblick auf die geltenden Interaktionsbedingungen

— Reflexion der Konsequenzen, die sich daraus für die Textkonstitution ergeben

Schritt 2:

Analyse der Textfunktion (und ggf. weiterer untergeordneter kommunikativer Funktionen des Textes) unter folgenden Gesichtspunkten:

— Bestimmung der Textfunktion (und ggf. weiterer Funktionen) aufgrund sprachlicher, nicht-sprachlicher und kontextueller Indikatoren

Als sprachliche Indikatoren kommen in Frage: sog. explizit performative Formeln und äquivalente Satzmuster, Modi, bestimmte Adverbien und Partikelwörter sowie Einstellungsbekundungen. Als nicht-sprachliche Indikatoren können die graphische bzw. drucktechnische Textgestaltung, Abbildungen usw. fungieren. Kontextuelle Indikatoren sind der situative, insbesondere der institutionelle Rahmen des Textes (Handlungsbereich), das Weltwissen (Hintergrundwissen über die Thematik), das Textsortenwissen (Hintergrundwissen über die Textsorte, der der Text zugeordnet werden kann) usw.

— Bestimmung der Relationen zwischen der Textfunktion und weiteren kommunikativen Funktionen (den sog. Zusatzfunktionen)

— Bestimmung des Grades an Direktheit bzw. Indirektheit in bezug auf die Signalisierung der Textfunktion

— Beschreibung der Relation zwischen Textfunktion und wahrer Intention des Emittenten (wenn sich überhaupt ein Unterschied feststellen läßt)

Schritt 3:

Analyse der thematischen (und grammatischen) Textstruktur unter folgenden Aspekten:

— Bestimmung des Textthemas und evtl. vorhandener Teilthemen (auf einer nicht zu hohen Abstraktionsstufe)

Bei der textanalytischen Bestimmung des Themas können wir von den zentralen Textgegenständen ausgehen, wie sie unter textgrammatischer Perspektive in den verschiedenen Formen der Wiederaufnahme zum Ausdruck kommen (Analyse der Wiederaufnahmestruktur als Trägerstruktur für die thematische Struktur). Sind mehrere Themen vorhanden, so ist die Rangordnung der Themen (die Themenhierarchie) herauszuarbeiten. Das Hauptthema ist aufgrund des Kompatibilitäts- und des Ableitbarkeitskriteriums zu ermitteln.

— Beschreibung der Themenentfaltung und des thematischen Entfaltungstyps (deskriptiv, narrativ, explikativ, argumentativ)

— Beschreibung der Art (Modalität) der Themenbehandlung (sachbetont, meinungsbetont, wertend, ernsthaft, spaßig, ironisch usw.)

Die Modalitäten der Themenbehandlung sind noch kaum erforscht. Vgl. dazu auch die Ausführungen zu den thematischen Einstellungen und den Realisationsformen (d.h. den Formen der Realisierung thematischer Grundmuster)

— Beschreibung der die Thematik ausdrückenden sprachlichen (und ggf. nicht-sprachlichen) Mittel im einzelnen

Dazu gehören u.a.: die Bedeutungsanalyse tragender Lexeme (sog. Schlüsselwörter), die Analyse der sprachlichen Realisierung thematischer Entfaltungstypen (d.h. ihrer sprachlich-stilistischen Ausformung im engeren Sinn), die Analyse nicht-sprachlicher Textteile (Bilder und dgl.) im Hinblick auf ihre thematische Funktion.

Die einzelnen Beschreibungsebenen und -aspekte sind bei der Textanalyse zwar genau zu unterscheiden, nicht aber voneinander zu isolieren. Zwischen situativem bzw. medialem Kontext, kommunikativer Funktion (Textfunktion), thematischem Aufbau und sprachlich-grammatischer Strukturierung von Texten bestehen komplexe Beziehungen. Insbesondere soll hier nochmals die „dienende" Rolle der grammatischen Einheiten und Strukturen hervorgehoben werden; sie müssen in ihrer indikatorischen Funktion gesehen werden, d.h., sie sind im Hinblick auf die kommunikativ-funktionalen und thematischen Konzepte des Textes zu untersuchen. Dabei ist zu beachten, daß es hier kaum feste Zuordnungen gibt. Zwischen den kommunikativen Funktionen und den Formen thematischer Entfaltung einerseits und den grammatischen Einheiten und Strukturen andererseits ist prinzipiell kein Eins-zu-Eins-Verhältnis anzunehmen.

Wir müssen uns hier mit dieser noch recht allgemeinen Feststellung begnügen; die Textlinguistik ist nicht weit genug entwickelt, um die Zusammenhänge zwischen Kommunikationssituation, Textfunktion und Textstruktur bereits systematisch beschreiben und in Regeln fassen zu können.

Um hier weiterzukommen, ist es notwendig, die empirische Basis zu verbreitern, d. h. linguistische Textanalysen in größerem Umfang durchzuführen. Der vorliegende Band versucht, einen begrifflichen und methodischen Orientierungsrahmen für solche Analysen zu geben.

7. Literaturverzeichnis

Adamzik, K. (1991): Forschungsstrategien im Bereich der Textsortenlinguistik. In: Zeitschrift für Germanistik. Neue Folge I/1, S.99—109.

Adamzik, K. (1995): Textsorten — Texttypologie. Eine kommentierte Bibliographie. Münster.

Agricola, E. (1977): Text — Textaktanten — Informationskern. In: F. Daneš/D. Viehweger (Hrsg.), Probleme der Textgrammatik II. Berlin, S. 11—32.

Agricola, E. (1979): Textstruktur — Textanalyse — Informationskern. Leipzig.

Antos, G. (1982): Grundlagen einer Theorie des Formulierens. Textherstellung in geschriebener und gesprochener Sprache. Tübingen.

Antos, G./H. P. Krings (Hrsg.), 1989: Textproduktion: ein interdisziplinärer Forschungsüberblick. Tübingen.

Antos, G./H. Tietz (Hrsg.), 1997: Die Zukunft der Textlinguistik. Traditionen, Transformationen, Trends. Tübingen.

Artmann, P. (1996): Tätertexte — eine linguistische Analyse der Textsorten Erpresserbrief und Drohbrief. Diss. Würzburg.

Austin, J. L. (1962): How to do things with Words. Oxford; dt. Übers.: Zur Theorie der Sprechakte. Stuttgart 1972.

Bachem, R. (1979): Einführung in die Analyse politischer Texte. München.

Ballmer, T. T. (1979): Probleme der Klassifikation von Sprechakten. In: G. Grewendorf (Hrsg.), Sprechakttheorie und Semantik. Frankfurt, S. 247—274.

Baumann, H.-H. (1970): Der deutsche Artikel in grammatischer und textgrammatischer Sicht. In: Jahrbuch für Internationale Germanistik 2, S. 145—154.

Baumann, K.-D. (1992): Integrative Fachtextlinguistik. Tübingen.

Baumgart, M. (1992): Die Sprache der Anzeigenwerbung. Eine linguistische Analyse aktueller Werbeslogans. Heidelberg.

Bayer, K. (1981): Einige Aspekte des Sprechhandlungstyps „Erklären“. In: Deutsche Sprache 9, S. 25—43.

Beaugrande, R. de/Dressler, W. (1981): Einführung in die Textlinguistik. Tübingen.

Beck, G. (1973): Textsorten und Soziolekte. Funktion und Reziprozität in gesprochener und geschriebener Sprache. In: Sitta/Brinker 1973, S. 73—112.

Becker-Mrotzek, M. (1990/91): Kommunikation und Sprache in Institutionen. Ein Forschungsbericht zur Analyse institutioneller Kommunikation. Teil I/II. In: Deutsche Sprache 18, S. 158—190 und S. 241—259; 19, S. 350—372.

Beisbart, O./E. Dobnig-Jülch/H.-W. Eroms/G. Koß (1976): Textlinguistik und ihre Didaktik. Donauwörth.

Belke, H. (1973): Literarische Gebrauchsformen. Düsseldorf.

Bellert, I. (1970): On a Condition of the Coherence of Texts. In: Semiotica 2, S. 335—363; dt. Übers. in: Kallmeyer u. a. 1974, Bd. II, S. 213—245.

Biere, B.-U. (1991): Textverstehen und Textverständlichkeit. Heidelberg. (Studienbibliographien Sprachwissenschaft; Bd. 2).

Birkenmaier, W./I. Mohl (1991): Russisch als Fachsprache. Tübingen.

Brandt, M./W. Koch/W. Motsch/I. Rosengren/D. Viehweger (1983): Der Einfluß der kommunikativen Strategie auf die Textstruktur — dargestellt am Beispiel des Geschäftsbriefs. In: I. Rosengren (Hrsg.), Sprache und Pragmatik. Lunder Symposium 1982. Malmö, S. 105—135.

Brandt, M./I. Rosengren (1992): Zur Illokutionsstruktur von Texten. In: Zeitschrift für Literaturwissenschaft und Linguistik 22, Heft 86, S. 9—51.

Brandt, W. (1991): Zeitungssprache heute: Überschriften. Eine Stichprobe. In: Brinker 1991, S. 213—244.

Braunmüller, K. (1977): Referenz und Pronominalisierung. Zu den Deiktika und Pro-Formen des Deutschen. Tübingen.

Breuer, D. (1974): Einführung in die pragmatische Texttheorie. München.

Brinker, K. (1971): Aufgaben und Methoden der Textlinguistik. Kritischer Überblick über den Forschungsstand einer neuen linguistischen Teildisziplin. In: Wirkendes Wort 21, S. 217—237.

Brinker, K. (1971a): Das Passiv im heutigen Deutsch. Form und Funktion. München, Düsseldorf.

Brinker, K. (1972): Konstituentenstrukturgrammatik und operationale Satzgliedanalyse. Methodenkritische Untersuchungen zur Syntax des einfachen Satzes im Deutschen. Frankfurt.

Brinker, K. (1973): Zum Textbegriff in der heutigen Linguistik. In: Sitta/Brinker 1973, S. 9—41.

Brinker, K. (1977): Modelle und Methoden der strukturalistischen Syntax. Eine Einführung. Stuttgart, Berlin u.a.

Brinker, K. (1979): Zur Gegenstandsbestimmung und Aufgabenstellung der Textlinguistik. In: Petöfi 1979, Bd. I, S. 3—12.

Brinker, K. (1980): Zur logischen Analyse von natürlich-sprachlichen Argumenten. In: J. Ballweg/H. Glinz (Hrsg.), Grammatik und Logik. Jahrbuch 1979 des Instituts für deutsche Sprache. Düsseldorf, S. 53—71.

Brinker, K. (1980a): Textthematik als spezifisch textlinguistischer Forschungsbereich. In: W. Kühlwein/A. Raasch (Hrsg.), Sprache und Verstehen. Bd. II. Tübingen, S. 138—141.

Brinker, K. (1983): Textfunktionen. Ansätze zu ihrer Beschreibung. In: Zeitschrift für germanistische Linguistik (ZGL) 11, S. 127—148.

Brinker, K. (1988): Bedingungen der Textualität. Zu Ergebnissen textlinguistischer Forschung und ihren Konsequenzen für die Textproduktion. In: Der Deutschunterricht 40/3, S. 6—18.

Brinker, K. (1988a): Thematische Muster und ihre Realisierung in Talkshowgesprächen. In: Zeitschrift für germanistische Linguistik (ZGL) 16, S. 26—45.

Brinker, K. (1990): Textanalytische Voraussetzungen forensisch-linguistischer Gutachten. In: H. Kniffka (Hrsg.), Texte zu Theorie und Praxis forensischer Linguistik. Tübingen, S. 115—123.

Brinker, K. (Hrsg.), 1991: Aspekte der Textlinguistik. Hildesheim, Zürich, New York.

Brinker, K. (1993): Textlinguistik. Heidelberg. (Studienbibliographien Sprachwissenschaft; Bd. 7).

Brinker, K. (1994): Zum Zusammenhang von Textfunktion und thematischer Einstellung am Beispiel eines Zeitungskommentars. In: Moilanen/Tiittula 1994, S. 35—44.

Brinker, K. (1994a): Textkonstitution und Textkompetenz. In: M. Bartha (Hrsg.), Textverstehen — Textarbeit — Textkompetenz. Beiträge zum Workshop am 9.—10. Mai 1994 am Germanistischen Institut der Eötvös-Loránd-Universität. Budapest, S. 109—123.

Brinker, K. (1996): Zur Analyse der narrativen Themenentfaltung am Beispiel einer Alltagserzählung. In: J. Hennig/J. Meier (Hrsg.), Varietäten der deutschen Sprache. Festschrift für D. Möhn. Frankfurt, Berlin, S. 279—289.

Brinker, K. (1996a): Die Konstitution schriftlicher Texte. In: H. Günther/O. Ludwig (Hrsg.), Schrift und Schriftlichkeit. Bd. 2. Art 136. Berlin, New York, S. 1515—1526. (Handbücher zur Sprach- und Kommunikationswissenschaft; Bd. 10.2.).

Brinker, K. (1998): Aspekte der Textkohärenz am Beispiel einer Rundfunkpredigt. In: K. Donhauser/L. M. Eichinger (Hrsg.), Deutsche Grammatik — Thema in Variationen. Festschrift f. H.-W. Eroms. Heidelberg, S. 191—202.

Brinker, K./G. Antos/W. Heinemann/S. F. Sager (Hrsg.), 2000: Text- und Gesprächslinguistik. Ein internationales Handbuch zeitgenössischer Forschung. 1. Halbband: Textlinguistik. Berlin, New York.

Brinker, K./S. F. Sager (1989): Linguistische Gesprächsanalyse. Berlin. (3., durchges. u. erg. Aufl. 2001).

Bucher, H.-J. (1986): Pressekommunikation. Grundstrukturen einer öffentlichen Kommunikation aus linguistischer Sicht. Tübingen.

Bühler, K. (1934): Sprachtheorie. Die Darstellungsfunktion der Sprache. Jena.

Burger, H. (1990): Sprache der Massenmedien. 2., durchgesehene und erweiterte Auflage. Berlin.

Busse, D. (1992): Recht als Text. Linguistische Untersuchungen zur Arbeit mit Sprache in einer gesellschaftlichen Institution. Tübingen.

Busse, D. (1992a): Textinterpretation. Sprachtheoretische Grundlagen einer explikativen Semantik. Opladen.

Conte, M.-E. (Hrsg.), 1989: Kontinuität und Diskontinuität in Texten und Sachverhaltskonfigurationen. Diskussion über Konnexität, Kohäsion und Kohärenz. Hamburg.

Coseriu, E. (1980): Textlinguistik. Eine Einführung. Tübingen.

Daneš, F. (1970): Zur linguistischen Analyse der Textstruktur. In: Folia Linguistica 4, S. 72—78.

Diewald, G. M. (1991): Deixis und Textsorten im Deutschen. Tübingen.

Dijk, T. A. van (1972): Some Aspects of Text Grammars. A Study in Theoretical Linguistics and Poetics. The Hague, Paris.

Dijk, T. A. van (1972a): Beiträge zur generativen Poetik. München.

Dijk, T. A. van (1977): Text and Context. Explorations in the Semantics and Pragmatics of Discourse. London, New York.

Dijk, T. A. van (1980): Textwissenschaft. Eine interdisziplinäre Einführung. Tübingen (Original 1978).

Dijk, T. A. van (1980a): Macrostructures. An interdisciplinary Study of Global Structures in Discourse, Interaction, and Cognition. Hillsdale, New Jersey.

Dimter, M. (1981): Textklassenkonzepte heutiger Alltagssprache. Kommunikationssituation, Textfunktion und Textinhalt als Kategorien alltagssprachlicher Textklassifikation. Tübingen.

Dovifat, E./J. Wilke (1976): Zeitungslehre I. Berlin.

Dreitzel, H. P. (1972): Die gesellschaftlichen Leiden und das Leiden an der Gesellschaft. Stuttgart.
Dressler, W. (1970): Modelle und Methoden der Textsyntax. In: Folia Linguistica 4, S. 64—71.
Dressler, W. (1973): Einführung in die Textlinguistik. 2. Aufl. Tübingen.
Dressler, W. (Hrsg.), 1978: Textlinguistik. Darmstadt.
Dressler, W./S. J. Schmidt (1973): Textlinguistik. Kommentierte Bibliographie. München.
Duden-Grammatik (1973): Duden. Grammatik der deutschen Gegenwartssprache, hrsg. v. P. Grebe. 3. Aufl. Mannheim (5. Aufl. 1995; 6. Aufl. 1998).
Ehlich, K./C. Noack/S. Scheiter (Hrsg.), 1994: Instruktion durch Text und Diskurs. Zur Linguistik ‚Technischer Texte'. Opladen.
Ermert, K. (1979): Briefsorten. Untersuchungen zu Theorie und Empirie der Textklassifikation. Tübingen.
Eroms, H.-W. (1991): Die funktionale Satzperspektive bei der Textanalyse. In: Brinker 1991, S. 55—72.
Figge, U. L. (1971): Syntagmatik, Distribution und Text. In: W.-D. Stempel (Hrsg.), Beiträge zur Textlinguistik. München, S. 161—181.
Fix, U. (Hrsg.), 1990: Beiträge zur Stiltheorie. Leipzig.
Fluck, H.-R. u. a. (1975): Textsorte Nachricht. Textheft und Begleitheft. Dortmund.
Franke, W. (1987): Texttypen — Textsorten — Textexemplare: Ein Ansatz zu ihrer Klassifizierung und Beschreibung. In: Zeitschr. f. german. Linguistik 15, S. 263—281.
Franke, W. (1991): Linguistische Texttypologie. In: Brinker 1991, S. 157—182.
Frier, W. (1979): Linguistische Aspekte des Textsortenproblems. In: W. Frier/G. Laboisse (Hrsg.), Grundfragen der Textwissenschaft. Linguistische und literaturwissenschaftliche Aspekte. Amsterdam, S. 7—58.
Fries, U. (1971): Textlinguistik. In: Linguistik und Didaktik 2, S. 219—234.
Fritz, G. (1982): Kohärenz. Grundfragen der linguistischen Kommunikationsanalyse. Tübingen.
Fritz, Th. (1994): Die Botschaft der Markenartikel. Vertextungsstrategien in der Werbung. Tübingen.
Gernsbacher, M. A./T. Givón (Hrsg.), 1995: Coherence in spontaneous text. Amsterdam, Philadelphia.
Glinz, H. (1971): Soziologisches im Kernbereich der Linguistik. Skizze einer Texttheorie. In: Sprache und Gesellschaft. Jahrbuch 1970 des Instituts für deutsche Sprache. Düsseldorf, S. 80—88.
Glinz, H. (1975): Deutsche Grammatik I. 3. Aufl. Wiesbaden.
Glinz, H. (1975a): Deutsche Grammatik II. 2. Aufl. Wiesbaden.
Glinz, H. (1977): Textanalyse und Verstehenstheorie I. 2. Aufl. Wiesbaden.
Glinz, H. (1979): Text — Satz — Proposition. In: Petöfi 1979, Bd. 1, S. 43—48.
Gobyn, L. (1984): Textsorten. Ein Methodenvergleich, illustriert an einem Märchen. Brüssel.
Göpferich, S. (1995): Textsorten in Naturwissenschaften und Technik. Pragmatische Typologie — Kontrastierung — Translation. Tübingen.
Große, E. U. (1976): Text und Kommunikation. Eine linguistische Einführung in die Funktionen der Texte. Stuttgart.
Grucza, S. (1995): Zum Gegenstand der Textlinguistik. In: Zeitschrift für Germanistik. Neue Folge V/1, S. 122—130.

Gülich, E. (1976): Ansätze zu einer kommunikationsorientierten Erzähltextanalyse. In: Zeitschrift für Literaturwissenschaft und Linguistik. Beiheft 4: Erzählforschung 1. Hrsg. v. W. Haubrichs. Göttingen, S. 224—256.

Gülich, E. (1986): Textsorten in der Kommunikationspraxis. In: W. Kallmeyer (Hrsg.), Kommunikationstypologie. Jahrbuch 1985 des Instituts für deutsche Sprache. Düsseldorf, S. 15—46.

Gülich, E./R. Meyer-Hermann (1983): Zum Konzept der Illokutionshierarchie. In: I. Rosengren (Hrsg.), Sprache und Pragmatik. Lunder Symposium 1982. Malmö, S. 245—261.

Gülich, E./W. Raible (Hrsg.), 1972: Textsorten. Differenzierungskriterien aus linguistischer Sicht. Frankfurt.

Gülich, E./W. Raible (1975): Textsorten-Probleme. In: Linguistische Probleme der Textanalyse. Jahrbuch 1973 des Instituts für deutsche Sprache. Düsseldorf, S. 144—197.

Gülich, E./W. Raible (1977): Linguistische Textmodelle. München.

Häfele, J. (1979): Der Aufbau der Sprachkompetenz. Untersuchungen zur Grammatik des sprachlichen Handelns. Tübingen.

Halliday, M. A. K./R. Hasan (1976): Cohesion in English. London.

Harnisch, H./G. Michel (1986): Textanalyse aus funktional-kommunikativer Sicht. In: Zeitschrift für Germanistik 7/4, S. 389—401.

Harras, G. (1983): Handlungssprache und Sprechhandlung. Eine Einführung in die handlungstheoretischen Grundlagen. Berlin.

Hartmann, P. (1964): Text, Texte, Klassen von Texten. In: W. A. Koch (Hrsg.), Strukturelle Textanalyse. Hildesheim, New York 1972, S. 1—22.

Hartmann, P. (1968): Zum Begriff des sprachlichen Zeichens. In: Zeitschrift für Phonetik, Sprachwissenschaft und Kommunikationsforschung 21, S. 205—222.

Hartmann, P. (1971): Texte als linguistisches Objekt. In: W.-D. Stempel (Hrsg.), Beiträge zur Textlinguistik. München, S. 9—29.

Harweg, R. (1968): Pronomina und Textkonstitution. München.

Harweg, R. (1968a): Textologische Analyse einer Zeitungsnachricht. In: Replik 2, S. 8—12.

Harweg, R. (1968b): Textanfänge in geschriebener und gesprochener Sprache. In: Orbis 17, S. 343—388.

Haßler, G. (Hrsg.), 1997: Texte im Text. Untersuchungen zur Intertextualität und ihren sprachlichen Formen. Münster.

Heinemann, W./D. Viehweger (1991): Textlinguistik. Eine Einführung. Tübingen.

Helbig, G. (1980): Zur Stellung und zu Problemen der Textlinguistik. In: Deutsch als Fremdsprache 17, S. 257—266.

Helbig, G. (1986): Entwicklung der Sprachwissenschaft seit 1970. Leipzig, S. 152—179.

Helbig, G./J. Buscha (1984): Deutsche Grammatik. 8. Aufl. Leipzig. (19. Aufl. Berlin 1999).

Hellwig, P. (1984): Grundzüge einer Theorie des Textzusammenhangs. In: Rothkegel/Sandig 1984, S. 51—79.

Hellwig, P. (1984a): Titulus oder über den Zusammenhang von Titeln und Texten. Titel sind ein Schlüssel zur Textkonstitution. In: Zeitschrift für germanistische Linguistik (ZGL) 12, S. 1—20.

Henne H./Rehbock, H. (1982): Einführung in die Gesprächsanalyse. 2. Aufl. Berlin, New York.

Hennig, J./L. Huth (1975): Kommunikation als Problem der Linguistik. Göttingen.

Hensel, C. (1989): Produktbegleitende Texte — der Versuch einer Analyse unter illokutionärem Aspekt. In: Beiträge zur Erforschung der deutschen Sprache 9, S. 138—157.

Herbig, A./B. Sandig (1994): Das kann doch wohl nur ein Witz sein! Argumentieren, Bewerten und Emotionalisieren im Rahmen persuasiver Strategien. In: Moilanen/Tiittula 1994, S. 59—100.

Heydrich, W./J. S. Petöfi (Hrsg.), 1986: Aspekte der Konnexität und Kohärenz von Texten. Hamburg.

Hindelang, G. (1978): Auffordern. Die Untertypen des Aufforderns und ihre sprachlichen Realisierungsformen. Göppingen.

Hindelang, G. (1983): Einführung in die Sprechakttheorie. Tübingen.

Hlavsa, Z./D. Viehweger (Hrsg.), 1989: Makrostrukturen im Text und im Gespräch. Akad. d. Wiss. d. DDR. Zentralinstitut f. Sprachwissenschaft. Ling. Studien. Reihe A. Bd. 191. Berlin.

Hoffmann, L. (1983): Arzneimittel-Gebrauchsinformationen: Struktur, kommunikative Funktionen und Verständlichkeit. In: Deutsche Sprache 11, S. 138—159.

Ihwe, J. (Hrsg.), 1973: Literaturwissenschaft und Linguistik. Bd. 2. Frankfurt.

Isenberg, H. (1970): Der Begriff „Text" in der Sprachtheorie. Bericht 8 der Arbeitsgruppe Strukturelle Grammatik. Zentralinstitut für Sprachwissenschaft. Berlin.

Isenberg, H. (1971): Überlegungen zur Texttheorie. In: Kallmeyer u. a. 1974, Bd. II, S. 193—212.

Isenberg, H. (1976): Einige Grundbegriffe für eine linguistische Texttheorie. In: F. Daneš/D. Viehweger (Hrsg.), Probleme der Textgrammatik I. Berlin, S. 47—145.

Isenberg, H. (1978): Probleme der Texttypologie. Variation und Determination von Texttypen. In: Wissenschaftliche Zeitschrift der Karl-Marx-Universität Leipzig. Gesellschafts- und Sprachwissenschaftliche Reihe 27, S. 565—579.

Isenberg, H. (1984): Texttypen als Interaktionstypen. In: Zeitschrift f. Germanistik 5, S. 261—270.

Jahr, S. (1991): Zur semantischen Makrostruktur von „Erklärungstexten". In: Fachsprache 13, S. 35—39.

Kallmeyer, W./W. Klein/R. Meyer-Hermann/K. Netzer/H. J. Siebert (Hrsg.), 1974: Lektürekolleg zur Textlinguistik. 2 Bde. Frankfurt.

Kallmeyer, W./R. Meyer-Hermann (1980): Textlinguistik. In: H. P. Althaus/H. Henne/H. E. Wiegand (Hrsg.), Lexikon der germanistischen Linguistik. 2. Aufl. Tübingen, S. 242—258.

Kalverkämper, H. (1981): Orientierung zur Textlinguistik. Tübingen.

Klauke, M. (1993): Instruktive fachliche Aufforderungstexte. Eine kritische Bestandsaufnahme. In: Zeitschrift für Germanistik. Neue Folge III/1, S. 154—169.

Klein, J. (1991): Politische Textsorten. In: Brinker 1991, S. 245—278.

Klein, W./C. von Stutterheim (1992): Textstruktur und referentielle Bewegung. In: Zeitschrift für Literaturwissenschaft und Linguistik 86, S. 67—92.

Knapp, G. P. (1973): Textarten — Typen — Gattungen — Formen. In: H. L. Arnold/V. Sinemus (Hrsg.), Grundzüge der Literatur- und Sprachwissenschaft. Bd. 1. München, S. 258—274.

Koeppel, R. (1993): Satzbezogene Verweisformen. Tübingen.

Kopperschmidt, J. (1980): Argumentation. Sprache und Vernunft. Teil II. Stuttgart.

Krebs, B.-N. (1993): Sprachhandlung und Sprachwirkung. Untersuchungen zur Rhetorik, Sprachkritik und zum Fall Jenninger. Berlin.

Krings, H. P./G. Antos (Hrsg.), 1992: Textproduktion. Neue Wege der Forschung. Trier.

Küper, C. (1978): Textgrammatik oder Texttheorie? Eine kritische Bestandsaufnahme gegenwärtiger Richtungen der Textlinguistik. In: Zeitschrift für Dialektologie und Linguistik 45, S. 175—191.

Kurz, G. (1977): Hermeneutische Aspekte der Textlinguistik. In: Archiv für das Studium der neueren Sprachen und Literaturen 129, Bd. 214, S. 262—280.

Labov, W./J. Waletzky (1967): Narrative Analysis. Oral Versions of Personal Experience; dt. Übersetzung: Erzählanalyse. Mündliche Versionen persönlicher Erfahrung. In: Ihwe 1973, S. 78—126.

Lang, E. (1973): Über einige Schwierigkeiten beim Postulieren einer „Textgrammatik". In: Ihwe 1973, S. 17—50.

Lang, E. (1976): Erklärungstexte. In: F. Daneš/D. Viehweger (Hrsg.), Probleme der Textgrammatik I. Berlin, S. 147—181.

Langer, G. (1995): Textkohärenz und Textspezifität. Textgrammatische Untersuchung zu den Gebrauchstextsorten Klappentext, Patienteninformation, Garantieerklärung und Kochrezept. Frankfurt, Berlin u.a.

Levinson, S. C. (1983): Pragmatics. Cambridge; deutsche Übersetzung: Pragmatik. Tübingen 1990.

Linke, A./M. Nussbaumer (1988): Kohärenz durch „Präsuppositionen". In: Der Deutschunterricht 40, Heft 6, S. 29—51.

Lötscher, A. (1987): Text und Thema. Studien zur thematischen Konstituenz von Texten. Tübingen.

Lüger, H.-H. (1983): Pressesprache. Tübingen. (2. Aufl. 1995).

Lutz, L. (1981): Zum Thema „Thema". Einführung in die Thema-Rhema-Theorie. Hamburg.

Lux, F. (1981): Text, Situation, Textsorte. Probleme der Textsortenanalyse, dargestellt am Beispiel der britischen Registerlinguistik. Mit einem Ausblick auf eine adäquate Textsortentheorie. Tübingen.

Marfurt, B. (1977): Textsorte Witz. Möglichkeiten einer sprachwissenschaftlichen Textsorten-Bestimmung. Tübingen.

Marfurt, B. (1978): Textsorten und Interaktionsmuster. In: Wirkendes Wort 28, S. 19—36.

Marfurt, B. (1980): Textrezeption und Textsorte. In: Wirkendes Wort 30, S. 293—311.

Meibauer, J. (1999): Pragmatik. Eine Einführung. Tübingen.

Möhn, D. (1991): Instruktionstexte. Ein Problemfall der Textidentifikation. In: Brinker 1991, S. 183—212.

Möhn, D./R. Pelka (1984): Fachsprachen. Eine Einführung. Tübingen.

Moilanen, M./L. Tiittula (Hrsg.), 1994: Überredung in der Presse. Texte, Strategien, Analysen. Berlin, New York.

Morgenthaler, E. (1980): Kommunikationsorientierte Textgrammatik. Düsseldorf.

Moskalskaja, O. I. (1984): Textgrammatik. Leipzig.

Motsch, W. (1978): Sprache als Handlungsinstrument. In: W. Motsch (Hrsg.), Kontexte der Grammatiktheorie. Berlin, S. 11—49.

Motsch, W. (1986): Anforderungen an eine handlungsorientierte Textanalyse. In: Zeitschr. f. Germanistik 7, S. 261—282.

Motsch, W. (1987): Zur Illokutionsstruktur von Feststellungstexten. In: Zeitschrift für Phonetik, Sprachwissenschaft und Kommunikationsforschung 40, S. 45—67.

Motsch, W. (Hrsg.), 1996: Ebenen der Textstruktur. Sprachliche und kommunikative Prinzipien. Tübingen.

Motsch, W./R. Pasch (1987): Illokutive Handlungen. In: W. Motsch (Hrsg.), Satz, Text, sprachliche Handlung. Berlin, S. 11—79.

Motsch, W./D. Viehweger (1981): Sprachhandlung, Satz und Text. In: I. Rosengren (Hrsg.), Sprache und Pragmatik. Lunder Symposium 1980. Malmö, S. 125—153.

Motsch, W./D. Viehweger (1991): Illokutionsstruktur als Komponente einer modularen Textanalyse. In: Brinker 1991, S. 107—132.

Muckenhaupt, M. (1986): Text und Bild. Grundfragen der Beschreibung von Text-Bild-Kommunikationen aus sprachwissenschaftlicher Sicht. Tübingen.

Nickel, G. (1968): Kontextuelle Beziehungen zwischen Sätzen im Englischen. In: Praxis des Neusprachlichen Unterrichts 15, S. 15—25.

Nussbaumer, M. (1991): Was Texte sind und wie sie sein sollen. Ansätze zu einer sprachwissenschaftlichen Begründung eines Kriterienrasters zur Beurteilung von schriftlichen Schülertexten. Tübingen.

Nussbaumer, M. (1995): Argumentation und Argumentationstheorie. Heidelberg. (Studienbibliographien Sprachwissenschaft; Bd. 12).

Oldenburg, H. (1992): Angewandte Fachtextlinguistik. ‚Conclusions' und Zusammenfassungen. Tübingen.

Oomen, U. (1972): Systemtheorie der Texte. In: Kallmeyer u. a. 1974, Bd. II, S. 47—70.

Ortner, H. P. (1992): Nachdenken über die Funktionen der Sprache. In: Zeitschrift für germanistische Linguistik (ZGL) 20, S. 271—297.

Ortner, L. (1992): Textkonstitutive Merkmale von Stellenangeboten um 1900. In: Deutsche Sprache 20, S. 1—31.

Petöfi, J. S. (1971): Transformationsgrammatiken und eine ko-textuelle Texttheorie. Frankfurt.

Petöfi, J. S. (Hrsg.), 1979: Text vs Sentence. Basic Questions of Textlinguistics. 2 Bde. Hamburg.

Peyer, A. (1997): Satzverknüpfung — syntaktische und textpragmatische Aspekte. Tübingen.

Plett, H. F. (1975): Textwissenschaft und Textanalyse. Semiotik, Linguistik, Rhetorik. Heidelberg.

Plett, H. F. (Hrsg.), 1991: Intertextuality. Berlin, New York.

Polenz, P. von (1980): Möglichkeiten satzsemantischer Textanalyse. In: Zeitschrift für germanistische Linguistik 8, S. 133—153.

Polenz, P. von (1985): Deutsche Satzsemantik. Grundbegriffe des Zwischen-den-Zeilen-Lesens. Berlin, New York.

Presch, G. (1991): Widersprüche zwischen Textfunktionen als ein Ausgangspunkt sozialgeschichtlicher Pragmalinguistik. In: D. Busse (Hrsg.), Diachrone Semantik und Pragmatik. Tübingen, S.83—100.

Quasthoff, U. M. (1980): Erzählen in Gesprächen. Tübingen.

Raible, W. (1971): Linguistik und Literaturkritik. In: Linguistik und Didaktik 2, S. 300—313.

Ramge, H. (1978): Alltagsgespräche. Arbeitsbuch für den Deutschunterricht in der Sekundarstufe II und zum Selbststudium. Frankfurt.

Rath, R. (1968): „Unvollständige Sätze" im heutigen Deutsch. Eine Studie zur Sprache des Wetterberichts. In: R. Rath/A. Brandstetter, Zur Syntax des Wetterberichts und des Telegrammes. Mannheim, S. 9—22.

Rolf, E. (1993): Die Funktionen der Gebrauchstextsorten. Berlin, New York.

Rosengren, I. (1980): Texttheorie. In: H. P. Althaus/H. Henne/H. E. Wiegand (Hrsg.), Lexikon der germanistischen Linguistik. 2. Aufl. Tübingen, S. 275—286.

Rosengren, I. (1983): Die Realisierung der Illokutionsstruktur auf der Vertextungsebene. In: F. Daneš/D. Viehweger (Hrsg.), Ebenen der Textstruktur. Berlin (Linguistische Studien. Reihe A. Bd. 112), S. 133—151.

Rosengren, I. (1987): Hierarchisierung und Sequenzierung von Illokutionen: zwei interdependente Strukturierungsprinzipien bei der Textproduktion. In: Zeitschrift für Phonetik, Sprachwissenschaft und Kommunikationsforschung 40, S. 28—44.

Rothkegel, A./B. Sandig (Hrsg.), 1984: Text — Textsorten — Semantik. Linguistische Modelle und maschinelle Verfahren. Hamburg.

Sanders, W. (1977): Linguistische Stilistik. Göttingen.

Sandig, B. (1970): Probleme einer linguistischen Stilistik. In: Linguistik und Didaktik 1, S. 177—194.

Sandig, B. (1973): Beispiele pragmalinguistischer Textanalyse. In: Der Deutschunterricht 25, Heft 1, S. 5—23.

Sandig, B. (1978): Stilistik. Sprachpragmatische Grundlegung der Stilbeschreibung. Berlin, New York.

Sandig, B. (1983): Textsortenbeschreibung unter dem Gesichtspunkt einer linguistischen Pragmatik. In: Textsorten und literarische Gattungen. Dokumentation des Germanistentages in Hamburg 1979. Berlin, S. 91—102.

Sandig, B. (1986): Stilistik der deutschen Sprache. Berlin, New York.

Scherner, M. (1973): Textkonstitution und -rezeption. Zum Aufbau eines Textmodells für den Deutschunterricht. In: Der Deutschunterricht 25, Heft 6, S. 60—86.

Scherner, M. (1977): Wie Texte das Verstehen steuern. Eine Einführung in die Textlinguistik für die Sekundarstufe I. 2. Aufl. Dortmund.

Scherner, M. (1984): Sprache als Text. Ansätze zu einer sprachwissenschaftlich begründeten Theorie des Textverstehens. Tübingen.

Schlieben-Lange, B. (1979): Linguistische Pragmatik. 2. Aufl. Stuttgart.

Schmidt, S. J. (1973): Texttheorie. Probleme einer Linguistik der sprachlichen Kommunikation. München.

Schmidt, W. u. a. (1981): Funktional-kommunikative Sprachbeschreibung. Leipzig.

Schoenke, E. (Hrsg.), 1996. Wirtschaftskommentare. Textlinguistische Analysen — kontrastive Untersuchungen. Universität Bremen.

Schröder, T. (1998): Textstrukturen aus integrativer Sicht. Eine kritische Bestandsaufnahme zur Textstrukturendiskussion. In: Deutsche Sprache 26, 121—137.

Schuldt, J. (1992): Den Patienten informieren. Beipackzettel von Medikamenten. Tübingen.

Searle, J. R. (1969): Speech Acts. An Essay in the Philosophy of Language. Cambridge; dt. Übersetzung: Sprechakte. Ein sprachphilosophischer Essay. Frankfurt 1971.

Searle, J. R. (1973): Linguistik und Sprachphilosophie. In: R. Bartsch/Th. Vennemann (Hrsg.), Linguistik und Nachbarwissenschaften. Kronberg, S. 113—125.

Searle, J. R. (1975): A Taxonomy of Illocutionary Acts. In: J. R. Searle, Expression and Meaning. Studies in the Theory of Speech Acts. Cambridge 1979, S. 1—29; deutsche Übersetzung: Eine Taxonomie illokutionärer Akte. In: J. R. Searle, Aus-

druck und Bedeutung. Untersuchungen zur Sprechakttheorie. Frankfurt 1982, S. 17—50.
Searle, J. R./D. Vanderveken (1985): Foundations of Illocutionary Logic. Cambridge.
Simmler, F. (1984): Zur Fundierung des Text- und Textsorten-Begriffs. In: H.-W. Eroms u. a. (Hrsg.), Studia Linguistica et Philologica. Festschrift f. K. Matzel. Heidelberg, S. 25—50.
Simmler, F. (1993): Zum Verhältnis von publizistischen Gattungen und linguistischen Textsorten. In: Zeitschrift für Germanistik. Neue Folge III/2, S. 349—363.
Sitta, H. (1973): Kritische Überlegungen zur Textsortenlehre. In: Sitta/Brinker 1973, S. 63—72.
Sitta, H./K. Brinker (Hrsg.), 1973: Studien zur Texttheorie und zur deutschen Grammatik. Festgabe für H. Glinz zum 60. Geburtstag. Düsseldorf.
Sökeland, W. (1980): Indirektheit von Sprechhandlungen. Eine linguistische Untersuchung. Tübingen.
Sowinski, B. (1979): Werbeanzeigen und Werbesendungen. München.
Sowinski, B. (1983): Textlinguistik. Eine Einführung. Stuttgart.
Sowinski, B. (1991): Stilistik. Stiltheorien und Stilanalysen. Stuttgart.
Steger, H. (1983): Über Textsorten und andere Textklassen. In: Textsorten und literarische Gattungen. Dokumentation des Germanistentages in Hamburg 1979. Berlin, S. 25—67.
Steger, H./H. Deutrich/G. Schank/E. Schütz (1974): Redekonstellation, Redekonstellationstyp, Textexemplar, Textsorte im Rahmen eines Sprachverhaltensmodells. Begründung einer Forschungshypothese. In: Gesprochene Sprache. Jahrbuch 1972 des Instituts für deutsche Sprache. Düsseldorf, S. 39—97.
Stegmüller, W. (1974): Probleme und Resultate der Wissenschaftstheorie und Analytischen Philosophie. Bd. I. Wissenschaftliche Erklärung und Begründung. Studienausgabe. Teil I. Berlin.
Steinitz, R. (1968): Nominale Pro-Formen. In: Kallmeyer u. a. 1974, Bd. II, S. 246—265.
Steinitz, R. (1969): Adverbial-Syntax. Berlin.
Stolt, B. (1976): „Hier bin ich — wo bist du?“ Heiratsanzeigen und ihr Echo, analysiert aus sprachlicher und stilistischer Sicht. Kronberg.
Straßner, E. (Hrsg.), 1975: Nachrichten. Entwicklungen — Analysen — Erfahrungen. München.
Stutterheim, C. von (1997): Einige Prinzipien des Textaufbaus. Empirische Untersuchungen zur Produktion mündlicher Texte. Tübingen.
Titscher, S./R. Wodak/M. Meyer/E. Vetter (1998): Methoden der Textanalyse. Leitfaden und Überblick. Opladen.
Toulmin, St. (1958): The Uses of Argument. Cambridge; deutsche Übersetzung: Der Gebrauch von Argumenten. Kronberg 1975.
Vater, H. (1975): Pro-Formen des Deutschen. In: M. Schecker/P. Wunderli (Hrsg.), Textgrammatik. Beiträge zum Problem der Textualität. Tübingen, S. 20—42.
Vater, H. (1991): Referenzrelationen in Texten. In: Brinker 1991, S. 19—54.
Vater, H. (1992): Einführung in die Textlinguistik. Struktur, Thema und Referenz in Texten. München.
Viehweger, D./G. Spies (1987): Struktur illokutiver Handlungen in Anordnungstexten. In: W. Motsch (Hrsg.), Satz, Text, sprachliche Handlung. Berlin, S. 81—118.
Wawrzyniak, Z. (1980): Einführung in die Textwissenschaft. Probleme der Textbildung im Deutschen. Warschau.

Weber, U. (1982): Instruktionsverhalten und Sprechhandlungsfähigkeit. Eine empirische Untersuchung zur Sprachentwicklung. Tübingen.
Weinrich, H. (1969): Textlinguistik. Zur Syntax des Artikels in der deutschen Sprache. In: Jahrbuch für Internationale Germanistik 1, S. 61—74.
Weinrich, H. (1972): Die Textpartitur als heuristische Methode. In: Der Deutschunterricht 24/4, S. 43—60.
Weinrich, H. (1993): Textgrammatik der deutschen Sprache. Mannheim, Leipzig u.a.
Werlich, E. (1975): Typologie der Texte. Entwurf eines textlinguistischen Modells zur Grundlegung einer Textgrammatik. Heidelberg. (2. Aufl. 1979).
Wrobel, A. (1995): Schreiben als Handlung. Überlegungen und Untersuchungen zur Theorie der Textproduktion. Tübingen.
Wunderlich, D. (1970): Die Rolle der Pragmatik in der Linguistik. In: Der Deutschunterricht 22, Heft 4, S. 5—41.
Wunderlich, D. (1972): Sprechakte. In: U. Maas/D. Wunderlich, Pragmatik und sprachliches Handeln. Frankfurt, S. 69—188.
Wunderlich, D. (1972a): Zur Konventionalität von Sprechhandlungen. In: D. Wunderlich (Hrsg.), Linguistische Pragmatik. Frankfurt, S. 11—58.
Wunderlich, D. (1976): Studien zur Sprechakttheorie. Frankfurt.
Zillig, W. (1982): Bewerten. Sprechakttypen der bewertenden Rede. Tübingen.
Zimmermann, K. (1978): Erkundungen zur Texttypologie. Tübingen.

8. Sachregister